NUNCA DEMASIADO JOVEN PARA UN PROPÓSITO
MANUAL

JOHN W. STANKO

Nunca Demasiado Joven Para Un Propósito Manual
by Dr. John Stanko
Copyright ©2025 Dr. John Stanko

Todos los derechos reservados. Este libro está protegido por las leyes de derechos de autor de los Estados Unidos de América. Este libro no puede ser copiado o reimpreso para obtener ganancias o beneficios comerciales. Se permite y fomenta el uso de citas cortas o copias ocasionales de páginas para el estudio personal o grupal. El permiso se otorgará previa solicitud.

A menos que se identifique lo contrario, la Escritura tomada de la SANTA BIBLIA, NUEVA VERSIÓN® INTERNACIONAL. Copyright © 1973, 1978, 1984 por la Sociedad Bíblica Internacional. Utilizado con permiso de zondervan Publishing House. Todos los derechos reservados.

ISBN 978-1-63360-315-8

Para distribución mundial impreso en los EE.UU.

Urban Press
P.O. Box 8881
Pittsburgh, PA 15221-0881 USA
412.646.2780

INTRODUCCIÓN	V
ESTUDIO 1 "HÁBLAME, SEÑOR"	1
ESTUDIO 2 TU CABELLO	4
ESTUDIO 3 TRATADO COMO UN ADULTO	7
ESTUDIO 4 TU UNCIÓN	10
ESTUDIO 5 UNA PROMOCIÓN	13
ESTUDIO 6 UN HÉROE	16
ESTUDIO 7 MEJORA AL MÁXIMO	19
ESTUDIO 8 VIDA FAMILIAR	22
ESTUDIO 9 UNA CABEZA GRANDE	25
ESTUDIO 10 DEJAD QUE LOS NIÑOS VENGAN	28
ESTUDIO 11 UNA BUENA HERMANA	31
ESTUDIO 12 EL SUEÑO DE UN ADOLESCENTE	34
ESTUDIO 13 CONOCE Y PREPÁRATE	37
ESTUDIO 14 DONDE SEA	41
ESTUDIO 15 MARÍA	44
ESTUDIO 16 "CÁLLALOS"	48

ESTUDIO 17
"¡DIOS PUEDE HACERLO!" — 52

ESTUDIO 18
EL JOVEN JESÚS — 55

ESTUDIO 19
FE EN TIEMPOS DIFÍCILES — 59

ESTUDIO 20
BUENOS ESTUDIANTES — 62

ESTUDIO 21
GRAN FE — 66

ESTUDIO 22
EL FUEGO — 69

ESTUDIO 23
AHORA — 72

ESTUDIO 24
JÓVENES Y MAYORES POR IGUAL — 75

ESTUDIO 25
UN LUGAR ESPECIAL — 78

ESTUDIO 26
LO MEJOR QUE PUEDES SER — 82

ESTUDIO 27
PREPÁRATE — 85

ESTUDIO 28
ES UN REGALO — 89

ESTUDIO 29
PROVERBIOS — 93

ESTUDIO 30
SABIDURÍA DEL PROPÓSITO — 96

EPÍLOGO — 100

INTRODUCCIÓN

Bienvenido al mundo del propósito. Desde 1991, he estado ayudando a personas de todo el mundo a encontrar y cumplir su propósito dado por Dios. He visitado más de 50 países, realizado muchos talleres, hablado en muchas iglesias y me he reunido con miles de personas en sesiones individuales. En algún momento, me propuse la meta de ser el mejor coach de propósito del mundo. Por supuesto, las clasificaciones las deja Dios, pero lo que estaba en mis manos era la preparación para ser efectivo al transmitir el mensaje del propósito de manera clara y concisa a través de todos los medios posibles. Y eso es lo que he intentado hacer lo mejor que puedo.

He escrito numerosos libros, tengo un sitio web y una aplicación móvil dedicados al mensaje del propósito, y soy bastante activo en muchas plataformas de redes sociales. Mi objetivo con todo esto es difundir la buena noticia de que cada persona, incluyéndote a ti, tiene un propósito—algo que solo ellos pueden hacer, algo que solo ellos pueden ser. Además, Dios quiere que cada persona, incluyéndote a ti, conozca su propósito, razón por la cual está dispuesto a responder al clamor de aquellos que lo buscan con sinceridad para obtener claridad e ideas.

El escritor de sabiduría llegó a una conclusión después de buscar el significado de la vida a través de varios medios y placeres. Escribió: "Nada hay mejor para el hombre que comer, beber y llegar a disfrutar de sus afanes. He visto que también esto proviene de Dios" (Eclesiastés 2:24 NVI). He descubierto que muchas personas están trabajando y buscando, al igual que el escritor de sabiduría, pero no han encontrado el trabajo que aman y disfrutan.

Entonces, después de más de tres décadas de trabajo sobre el propósito, ¿cuál es mi conclusión? ¿Qué ideas puedo compartir sobre el estado del mensaje del propósito? Mi conclusión es esta:

Las personas luchan mucho por encontrar su propósito y muchas abandonan la búsqueda cuando el proceso se vuelve lento o demasiado difícil.

¿Por qué es esto?

Es porque el propósito requiere una mentalidad diferente, una forma distinta de pensar a la que la mayoría de las culturas enseñan o imparten.

Incluso la iglesia no ha sensibilizado a las personas sobre las sutilezas del propósito. La iglesia enseña: "Encuentra lo que puedes hacer en la iglesia y hazlo para ayudar a que la iglesia crezca". Luego, las escuelas, los padres y las universidades enseñan: "Encuentra un trabajo. Gana tanto dinero como puedas. Si disfrutas tu trabajo es un bono". Y eso es lo que la gente escucha desde temprana edad. Vieron a sus padres ir al trabajo y regresar vacíos o frustrados, y esos jóvenes recibieron el mensaje alto y claro: "El trabajo no es algo que disfrutes; es algo que haces para ganar dinero".

Y no podría estar más en desacuerdo.

Debido a que la visión predominante es "encuentra un trabajo, gana dinero", he encontrado necesario el ayudarte a ti que trabajas con jóvenes a cambiar tu forma de pensar en lo que respecta al dinero, el trabajo y el propósito. Por lo tanto, he producido este manual para ayudarte a guiar a los jóvenes en tu vida a ver el propósito desde una perspectiva diferente. Si vas a ayudarlos a ser claros sobre su propósito, tú también necesitas tener claridad.

Este manual debe ser utilizado junto con mi libro, 'Nunca Demasiado Joven para Un Propósito', que tiene 30 capítulos que destacan a jóvenes de propósito en la Biblia o una lección de propósito relevante para los jóvenes. En este manual, encontrarás material para facilitar la discusión y el aprendizaje de cada uno de los 30 capítulos. Aquí está lo que puedes esperar en las siguientes páginas para cada capítulo:

1. Un resumen claro del objetivo de aprendizaje de cada estudio.
2. Una visión general rápida de la historia bíblica utilizada para presentar la lección. Esto puede incluir otras referencias bíblicas o simplemente la historia en sí.
3. Un resumen corto del contenido del capítulo.
4. Una lista de puntos clave y aspectos destacados de la lección del capítulo.
5. Una lista de preguntas de discusión para facilitar el aprendizaje en grupo o la reflexión individual.
6. Un pensamiento sobre el propósito de mi parte, algo de mi experiencia que te ayudará a ti y a los jóvenes con los que trabajas a entender la diferencia entre propósito y carrera.

Por supuesto, sugiero que leas el capítulo del libro (o me veas leerlo en la aplicación móvil) junto con cualquier historia bíblica relevante mencionada en el capítulo. Al preparar tu plan de lección, también tengo muchos recursos en línea disponibles para ti en mi sitio web: www.purposequest.com. Luego, te sugiero que descargues mi aplicación móvil gratuita en https://subsplash.com/purposequestinternationa/app. Allí encontrarás lecciones en video que apoyan el estudio del propósito, como

1. La serie 'Nunca Demasiado Joven Para Un Propósito', que incluye la lectura de cada capítulo del libro (con subtítulos en español).

2. 'Siete Pasos para una Búsqueda de Propósito (PurposeQuest)'.
3. 'Desbloqueando el Poder de ti Mismo'.
4. 'El Principio de la Mina de Oro Uno: Propósito'.
5. 'Los Cinco Principios de la Mina de Oro'

Luego están mis libros que discuten el propósito y son útiles para prepararte para ser un coach de propósito y mentor. Todos están disponibles en Amazon, mientras que algunos están disponibles en tu iglesia o librerías locales en Kenia y Colombia

1. Desbloqueando el Poder de Tu Propósito (disponible en español).
2. Desbloqueando el Poder en Ti (disponible en español).
3. Gemas de propósito (disponible en español).
4. Avivamiento del Propósito. (disponible en español).
5. 31 Días Para Un Nuevo Tú (disponible en español).
6. Entrenamiento para Reinar: Lecciones de la vida de David (disponible en español).
7. Tu trono: Viviendo el Propósito que Dios Tiene para Mi.
8. Puntos de Poder para Vivir Una Vida Abundante (disponible en español).
9. El Poder del Púrpura: Mujeres de Propósito en las Escrituras (disponible en español).
10. Los hombres de Proverbios 31: Hermanos de Propósito en la Escritura.
11. Tu Viaje de Propósito.
12. Escribí Este Libro con el Propósito de que Puedas Conocer el Tuyo.
13. La Vida es una Mina de Oro: ¿Puedes Excavarla?
14. Conectados: Colegas con Propósito.

¿Por qué desarrollé tantos recursos? Porque siempre estoy buscando nuevas formas de ayudarte a pensar sobre el propósito, no para que seas un experto en propósito, sino para que conozcas y lleves a cabo tu propósito. Y ahora quiero ayudarte a equipar a los jóvenes en tu vida para vivir con propósito. Pero comienza contigo, teniendo claridad para que puedas guiarlos; de lo contrario, sería como los ciegos guiando a los ciegos, como advirtió Jesús.

Ah, sí, hay un recurso más que olvidé mencionar: ese sería yo. Estoy dispuesto a ir a donde estés si puedo ayudarte a ti y a los jóvenes con los que trabajas a encontrar su propósito. Mi misión es urgente y el tiempo es corto, pero estoy listo porque he visto la diferencia que el propósito hace en la vida de personas en todo el mundo. Ahora quiero que tengas todo lo que necesitas para comenzar y mantener una revolución del propósito en las mentes y corazones de los jóvenes en tu vida, ya sean tus hijos, nietos, sobrinos, sobrinas, estudiantes o la congregación juvenil.

Así que comencemos. No dudes en escribirme con tus historias de éxito– y las tendrás, porque Dios se encontrará contigo en este glorioso proceso de buscar Su Voluntad para las vidas de aquellos a quienes Él ha llamado y elegido. Bendiciones sobre ti y tu trabajo.

Dr. John Stanko
Pittsburgh, PA, USA
Junio 2025

ESTUDIO 1
"HÁBLAME, SEÑOR"

OBJETIVO DEL ESTUDIO

En este capítulo, aprenderás que Dios está hablando a las personas sobre su propósito, incluso a los jóvenes

ENFOQUE BÍBLICO

La historia de Samuel se presenta en el Estudio 1 y está basada en la historia de Ana y Samuel de 1 Samuel. Sería útil leer la historia antes de comenzar. Hay tres partes importantes en la historia:

- La oración de Ana, la madre de Samuel: 1 Samuel 1:9-10

- Dios llamando a Samuel: 1 Samuel 3:4-5

- La realización de Elí de que era Dios quien llamaba y la respuesta de Samuel a Dios: 1 Samuel 3:8-10

Estos pasajes cuentan la historia de cómo Dios habló a Samuel cuando solo era un niño y reveló Sus planes para la vida de Samuel.

VISIÓN GENERAL

La historia de Samuel muestra cómo Dios puede hablar a los jóvenes y guiar sus vidas. La madre de Samuel, Ana, oró por un hijo y lo dedicó al servicio de Dios antes de que su oración fuera respondida. Cuando Samuel nació, Ana cumplió su promesa y lo llevó a vivir con Elí, el sacerdote, donde podía aprender y servir a Dios. Una noche, Dios llamó a

Samuel, pero al principio pensó que era Elí, Después de varios llamados, Elí se dio cuenta de que era Dios y le dijo a Samuel que volviera a la cama, que escuchara y que dijera: "Habla, Señor, porque tu siervo escucha." Samuel obedeció y en el proceso escuchó el plan de Dios para su vida.

Esta historia enseña a los jóvenes que Dios puede hablarles a cualquier edad, y que deben escuchar y seguir Su guía. También enseña que los adultos más cercanos a esos jóvenes pueden ayudarlos a entender lo que está sucediendo para que puedan responder adecuadamente a Dios

PUNTOS DE CONVERSACIÓN

1. Dios no habló a Samuel sobre su carrera, sino sobre su propósito, que en este caso era el ser profeta o portavoz de Dios para la nación.
2. Dios habló a Samuel sobre asuntos de adultos relacionados con Elí y su familia.
3. Es importante entender el concepto de propósito, porque no es un llamado al ministerio o una carrera. El propósito es la esencia de quién ese joven es.
4. El propósito es quién alguien es, no lo que alguien hace.

PREGUNTAS DE DISCUSIÓN

1. ¿Por qué estaba triste la madre de Samuel, Ana, y qué hizo al respecto? ¿Qué haces tú cuando estás triste? ¿Te ayuda?
2. ¿Qué promesa hizo Ana a Dios si Él le daba un hijo? ¿Crees que lo hacía solo para obtener algo de Dios o era sincera?
3. ¿Cómo respondió Dios a la oración de Ana, y qué hizo ella después de que nació Samuel? Piensa en una madre que entrega a su único hijo para que viva con el hombre de Dios. ¿Qué te dice esto sobre Ana y su fe en Dios?
4. ¿Con quién vivió Samuel cuando era joven, y por qué?
5. ¿Cómo respondió Samuel cuando escuchó por primera vez que Dios lo llamaba, y quién pensó que era?
6. ¿Qué se dio cuenta Elí después de que Samuel escuchó la voz varias veces?
7. ¿Qué le dijo Elí a Samuel que dijera cuando escuchara la voz de nuevo?
8. ¿Qué nos enseña la historia de Samuel sobre cómo Dios puede hablar a los jóvenes? ¿Te está hablando a ti? ¿Es eso lo correcto a decir? ¿Es lo correcto para ti decir?
9. ¿Cómo podría hablarte Dios hoy, de acuerdo con la lección de la historia

de Samuel? (Dios puede hablar a través de otros, Su Palabra o Su voz suave y apacible.)

10. ¿Qué deberías hacer si sientes que Dios te está hablando, basado en el ejemplo de Samuel?

PENSAMIENTO SOBRE EL PROPÓSITO

Digamos que un joven muestra gran talento o interés en alguna expresión artística como el baile, la pintura, el canto o algo similar. El objetivo no es desanimar esto o tratar de "averiguar" cómo el niño puede ganar dinero con una carrera en las artes. Se debe animar al joven a explorar al máximo sus intereses, sin preocuparse por "qué harán cuando crezcan." Y, el propósito no está necesariamente conectado con el trabajo en la iglesia. Debe expresarse sin preocuparse por cuán "espiritual" sea su propósito, siempre que sea ético y legal.

ESTUDIO 2
TU CABELLO

OBJETIVO DEL ESTUDIO

En este capítulo, verás que los jóvenes necesitan estar seguros de que Dios los ha hecho tal como son, y por lo tanto es mejor no intentar cambiar lo que Él ha querido que sean.

ENFOQUE BÍBLICO

Ana hizo una promesa inusual a Dios: si Él le daba un hijo, nunca le cortaría el cabello. En este estudio, vamos a examinar por qué hizo esa promesa y lo que significa en nuestra búsqueda de propósito.

- La oración de Ana y su promesa a Dios: 1 Samuel 1:9-11

- Dios habla a Samuel y revela Su voluntad para la vida de Samuel: 1 Samuel 3:4-10

Los padres y otros adultos involucrados en la vida de un joven tienen un papel que desempeñar en que se conviertan en una persona con propósito. Deben ayudar al joven a pensar en su propósito, no en una carrera.

VISIÓN GENERAL

En el primer capítulo, aprendimos cómo Dios habló al joven Samuel y le reveló la obra de su vida. Antes de que Samuel naciera, su madre Ana lo dedicó al Señor y prometió que nunca nadie le cortaría el cabello. Esta promesa simbolizaba que ella no intentaría moldear la vida de Samuel por sí misma, sino que dejaría que él se convirtiera en quien Dios quería que fuera. Así como el cabello de cada persona es único y dado por Dios, cada persona tiene un propósito especial en la vida que solo ellos pueden cumplir. Al desarrollar sus talentos y dones, pueden cumplir la voluntad de Dios para sus vidas, tal como lo hizo Samuel.

PUNTOS DE CONVERSACIÓN

1. Ana oró a Dios por un hijo y prometió dedicarlo al Señor si su oración era respondida (1 Samuel 1:9-11).
2. La promesa de Ana incluía que su hijo nunca se cortaría el cabello, simbolizando que ella lo dejaría convertirse en quien Dios quería que fuera.
3. La promesa de no cortar el cabello de Samuel simboliza permitirle cumplir el propósito de Dios sin interferencia de otros.
4. Al igual que el cabello de cada persona es único, Dios da a cada persona talentos y dones únicos.
5. Una vez que entiendes tu propósito, puedes elegir cómo desarrollarlo y usarlo, al igual que puedes elegir cómo peinar tu cabello.
6. Todos tienen un propósito especial dado por Dios, algo que solo ellos pueden hacer.
7. Así como cuidas tu cabello, debes desarrollar tus talentos y dones para que Dios pueda usarlos para Su propósito.

PREGUNTAS DE DISCUSIÓN

1. ¿Qué hizo Ana cuando estaba profundamente angustiada y llorando amargamente? ¿Qué haces tú?
2. ¿Qué promesa hizo Ana a Dios si Él le daba un hijo? ¿Sabes lo que tus padres dijeron al Señor sobre ti antes de que nacieras?
3. ¿Por qué hizo Ana el voto de que su hijo nunca se cortaría el cabello?
4. ¿Qué te enseña la historia de Ana y Samuel sobre la voluntad de Dios para tu vida?
5. ¿Cuáles son algunas cosas cotidianas que puedes pensar en la Biblia que Dios usa para enseñar lecciones espirituales?
6. ¿Cómo puede usarse el cabello como símbolo en el voto de Ana?
7. ¿De qué maneras es tu cabello único para ti? ¿Cómo es eso similar a tu propósito?
8. ¿Cómo simboliza el voto de Ana su compromiso de dejar que su hijo sea quien Dios quiere que sea?

9. ¿Qué sugiere la historia sobre descubrir y desarrollar tus talentos y dones únicos? ¿Cuáles crees que son algunos de esos dones y talentos?
10. ¿Qué son algunas de las maneras en que puedes cuidar tu propósito en la vida de la misma manera en que cuidas tu cabello?

PENSAMIENTO SOBRE EL PROPÓSITO

Digamos que un joven quiere jugar deportes profesionales. La tendencia es desanimar esa idea o permitir que esa meta continúe con poca o ninguna intervención. ¿Qué debería hacer un adulto en ese caso? Deberían trabajar con ese interés, pero también buscar ampliar las opciones que el joven tiene para considerar. Por ejemplo, si alguien quiere jugar baloncesto profesional, pregunta al joven: "¿Qué más puede hacer alguien que esté interesado en jugar baloncesto? Hay medicina deportiva, ser agente, entrenador (juvenil, escolar, universitario, profesional), árbitro, comentarista, estadístico, dueño de equipo, gerente de negocios, etc." El punto no es desalentar sus intereses, sino ampliar su forma de pensar sobre las posibilidades en el área de sus intereses, mientras se les permite volverse tan hábiles en el área de su propósito como sea posible.

ESTUDIO 3
TRATADO COMO UN ADULTO

OBJETIVO DEL ESTUDIO

En este capítulo, aprenderás que la fe de un joven lo lleva ante Dios tal como a cualquier adulto.

ENFOQUE BÍBLICO

La historia de Samuel presentada en este pasaje se encuentra en la Biblia, en el libro de 1 Samuel. Aquí están las referencias específicas para los puntos clave mencionados:

- La madre de Samuel lo dedicando al Señor: 1 Samuel 1:11
- Dios llamando a Samuel y la respuesta de Samuel: 1 Samuel 3:10
- El mensaje de Dios a Samuel sobre la familia de Elí: 1 Samuel 3:11-14
- Samuel crece y es reconocido como profeta: 1 Samuel 3:19-21

Estos pasajes destacan cómo Dios habló a Samuel desde una edad temprana, lo trató con seriedad y le reveló Su voluntad y propósito para la vida de Samuel.

VISIÓN GENERAL

Muchos jóvenes quieren ser tratados como adultos, y la buena noticia es que Dios siempre te trata con seriedad, sin importar tu edad. En la historia de Samuel, vemos que su madre lo dedicó a Dios antes de que él naciera. Cuando Samuel era un niño, Dios lo llamó varias veces hasta que

Samuel se dio cuenta de que era Dios quien hablaba. Dios habló a Samuel sobre asuntos de adultos, incluyendo la desobediencia de la familia de Elí. A pesar de ser joven, Dios lo trató como a un adulto y le reveló asuntos importantes. Samuel compartió fielmente las palabras de Dios, y a medida que creció, se convirtió en un profeta respetado. Al igual que Samuel, si confías en Dios, Él te hablará y te usará para Su propósito, sin importar cuán joven seas.

PUNTOS DE CONVERSACIÓN

1. Dios te trata como a un adulto cuando vienes a Él, sin importar tu edad.
2. La madre de Samuel, Ana, lo dedicó al Señor antes de que él naciera.
3. Cuando Samuel era un niño, Dios lo llamó, pero al principio Samuel no reconoció la voz de Dios y pensó que era Elí.
4. Elí se dio cuenta de que era Dios quien llamaba a Samuel y le instruyó que dijera: "Habla, Señor, porque tu siervo escucha."
5. Dios habló a Samuel sobre temas serios, incluyendo la desobediencia de la familia de Elí.
6. A pesar de ser joven, Samuel escuchó los mensajes de Dios y los compartió con sinceridad, incluso cuando fue difícil.
7. Samuel creció y se convirtió en un profeta respetado, mostrando que Dios puede usarte para Su propósito a cualquier edad.

PREGUNTAS DE DISCUSIÓN

1. ¿Hay momentos y lugares en los que siempre eres tratado como un adulto, sin importar tu edad? ¿Qué tan importante es esto para ti?
2. ¿Cómo responde Dios a tus oraciones y fe, sin importar cuán joven o mayor seas? ¿Puedes dar ejemplos de veces en que Dios respondió tus oraciones?
3. ¿Qué hizo la madre de Samuel antes de que él naciera para dedicarlo al Señor? ¿Te parece justo que un padre pueda determinar la dedicación de un hijo al Señor antes de que nazca?
4. ¿Cómo puede Dios hablarle a alguien como tú? (pista: Su Palabra, un mensaje en la iglesia, a través de otras personas, Su voz suave y apacible, a través de las circunstancias).
5. ¿Cómo respondió Samuel inicialmente cuando Dios lo llamó durante la noche? ¿Cómo deberías responder tú?
6. ¿Qué consejo le dio Elí a Samuel cuando se dio cuenta de que era Dios quien lo llamaba? ¿Por qué Samuel no hizo esto desde el principio? (No sabía que Dios estaba hablando).

7. ¿Cuál fue el mensaje serio que Dios quería transmitir a Samuel sobre la familia de Elí?
8. ¿Cómo reaccionó Samuel cuando tuvo que decirle a Elí lo que Dios había dicho? ¿En qué aspectos tienes miedo de hacer la voluntad de Dios que está en tu corazón?
9. A medida que Samuel crecía, ¿qué papel asumió en Israel? ¿El propósito de todos tiene que estar relacionado con asuntos de la Iglesia? ¿Puede ser en cosas fuera de la Iglesia?
10. ¿Qué lección podemos aprender de Samuel sobre cómo Dios habla a los jóvenes y su propósito en la vida? ¿Qué te está diciendo Dios sobre tu futuro?

PENSAMIENTO SOBRE EL PROPÓSITO

Alguien dijo una vez que el problema con tomar notas mentales es que la tinta se desvanece muy rápido. Enseña a los jóvenes cómo llevar un diario para que puedan llevar un registro de lo que Dios les está mostrando y diciendo. También queremos enseñar a nuestros jóvenes que Dios no solo quiere que oremos y hablemos con Él, Él quiere hablar con nosotros cuando oramos. Eso significa que tenemos que aprender a escuchar. En otras palabras, nuestro trabajo no es solo orar, sino obtener respuestas a nuestras oraciones, respuestas con propósito.

ESTUDIO 4
TU UNCIÓN

OBJETIVO DEL ESTUDIO

En este capítulo, aprenderás que Dios puede revelar el trabajo de la vida de una persona, incluso cuando es joven.

ENFOQUE BÍBLICO

La historia de cómo Dios eligió al rey David se encuentra en la Biblia, en el libro de 1 Samuel, el cual quizás quieras leer al comenzar. Aquí están las referencias específicas para los puntos clave mencionados:

- Dios rechaza al rey Saúl y envía a Samuel a buscar un nuevo rey: 1 Samuel 16:1

- Samuel llega a la casa de Isaí y Dios rechaza a Eliab: 1 Samuel 16:6-7

- Samuel pregunta a Isaí si tiene otros hijos y llama a David: 1 Samuel 16:11

- David siendo ungido por Samuel: 1 Samuel 16:12-13

Estos pasajes muestran cómo Dios eligió al joven David para ser el próximo rey de Israel por su corazón, no por su apariencia exterior, y cómo Samuel lo ungió, lo que significó la presencia y el propósito de Dios en su vida.

VISIÓN GENERAL

El rey David es un gran ejemplo de cómo Dios revela Su voluntad a una persona cuando es joven. Cuando Dios rechazó al rey Saúl por no obedecerle, envió al profeta Samuel a buscar un nuevo rey entre los hijos de Isaí. Samuel pensó que Eliab, el hijo mayor de Isaí, era el elegido, pero Dios le dijo a Samuel que no se fijara en la apariencia exterior, sino en el corazón. Ninguno de los hijos de Isaí fue elegido hasta que Samuel preguntó por el más joven, David, a quien le dijeron que estaba cuidando las ovejas. Dios eligió a David, y Samuel lo ungió, un signo de que la presencia y el propósito de Dios estaban con él. Al igual que David, tú tienes un propósito único y Dios puede revelártelo desde una edad temprana. Además, tus talentos y pasiones especiales son como una unción de Dios, y al reconocerlos, te ayudas a cumplir el plan de Dios para tu vida.

PUNTOS DE CONVERSACIÓN

1. Saúl era el rey de Israel, pero Dios lo rechazó porque no obedeció Sus mandamientos.
2. Cuando Samuel fue enviado a buscar un nuevo rey, Dios le dijo que no se enfocara en la apariencia exterior, sino en el corazón.
3. Samuel ungió a David como el próximo rey, aunque era el más joven y su familia no veía su potencial.
4. David fue elegido por Dios a pesar de su juventud y de ser pasado por alto por su propia familia.
5. La unción con aceite simbolizó la presencia y el propósito de Dios en la vida de David.
6. Al igual que David, todos tienen un propósito único y talentos que Dios les ha dado.
7. Es importante reconocer y desarrollar tus talentos, sabiendo que Dios puede usarlos para Su voluntad, sin importar cuán joven seas.

PREGUNTAS DE DISCUSIÓN

1. ¿Por qué rechazó Dios al rey Saúl como rey de Israel? ¿Te parece justo o severo? ¿Por qué crees que Dios fue tan rápido en rechazar a Saúl como rey?
2. ¿A dónde envió Dios a Samuel para encontrar y ungir como el próximo rey?
3. ¿Qué le dijo Dios a Samuel sobre cómo elegir al próximo rey? ¿Cuántas veces has juzgado a alguien por su apariencia exterior? ¿Por qué no es bueno hacerlo?
4. ¿Por qué Dios rechazó a Eliab como el próximo rey, aunque Samuel pensó que él era el elegido? ¿Qué busca Dios en aquellos que le sirven?

John W. Stanko

5. ¿Cómo pasó por alto Isaí a su hijo menor, David, cuando Samuel buscaba al nuevo rey? ¿Qué crees que estaba pasando en esa familia?
6. ¿Qué le dijo Dios a Samuel cuando David fue presentado ante él? ¿Pueden otras personas ver tu propósito más claramente que tú a veces?
7. ¿Qué simboliza la unción con aceite en la historia de David?
8. ¿Cómo es la visión de Dios sobre una persona diferente de cómo la gente suele juzgar a los demás?
9. ¿Cómo pueden los jóvenes, como David, descubrir sus talentos únicos y el propósito de Dios? ¿Cuáles son algunos de tus talentos y dones únicos?
10. ¿Qué significa tener una unción de Dios, y cómo puedes reconocerla en tu propia vida? ¿La unción solo aplica al trabajo en la iglesia?

PENSAMIENTO SOBRE EL PROPÓSITO

En Isaías 45:1 (NVI) leemos: "Así dice el Señor a Ciro, su ungido, quien tomó de la mano derecha para someter a su dominio las naciones y despojar de su armadura a los reyes, para abrir a su paso las puertas y dejar abiertas las entradas:" Dios se refiere a Ciro, un rey pagano que no era parte del pueblo de Dios, como Su "ungido." Esto indica que la unción es simplemente lo que Dios está con alguien para hacer, y por lo tanto están capacitados por Su presencia para hacerlo. La unción no es solo para el trabajo en la iglesia.

ESTUDIO 5
UNA ASCENSO

OBJETIVO DEL ESTUDIO

En este capítulo, aprenderás que Dios promueve a aquellos con dones y habilidades, sin importar cuán jóvenes (o mayores) sean.

ENFOQUE BÍBLICO

La historia de cómo David fue elegido para tocar música para el rey Saúl se encuentra en la Biblia, en el libro de 1 Samuel. Aquí están las referencias específicas para los puntos clave mencionados:

- David elegido para tocar para Saúl: 1 Samuel 16:17-18

- La aprobación de Saúl y el servicio de David: 1 Samuel 16:19-23

- Dios promueve a las personas con habilidades: Salmo 75:6-7 (NVI)

Estos pasajes destacan cómo las habilidades musicales de David y otros talentos lo llevaron a ser seleccionado para servir al rey Saúl, mostrando el papel de Dios en promover a las personas en función de sus habilidades y dedicación.

VISIÓN GENERAL

En el capítulo anterior, leímos cómo el profeta Samuel fue a la casa de Isaí para encontrar al próximo rey que reemplazara a Saúl y se sorprendió al descubrir que Dios eligió a David, el hijo más joven. Después de eso, leímos que el rey del país, Saúl, tenía serios problemas de salud mental. Sus consejeros decidieron que necesitaba un buen músico para alegrarlo.

Uno de los asistentes de Saúl recomendó a David, quien era conocido por su talento musical, su valentía, su buen aspecto y sus habilidades para hablar. David fue llamado y rápidamente se convirtió en escudero y músico de Saúl, ayudándolo a sentirse mejor cada vez que tocaba su arpa. Los talentos de David y la presencia de Dios con él lo distinguieron y llevaron a su descubrimiento. Este aspecto de la historia de David muestra que si te vuelves hábil en lo que haces, Dios puede promoverte y usarte para ayudar a otros.

PUNTOS DE CONVERSACIÓN

1. Samuel fue enviado por Dios a la casa de Isaí para encontrar al próximo rey que reemplazara a Saúl. Dios quería que el próximo rey conociera su destino de acuerdo con la voluntad de Dios.

2. El rey Saúl tenía serios problemas de salud mental, pero sus consejeros decidieron no resolver su problema. Optaron por ayudarlo a vivir con el problema.

3. David fue recomendado para ayudar a Saúl porque era un músico talentoso, valiente, guapo, un buen soldado y un hábil orador. Lo más importante, Dios estaba con él.

4. A Saúl le agradó David y lo eligió para que llevara sus armas. David también tocaba el arpa para que Saúl se sintiera mejor cada vez que el espíritu maligno lo atormentaba.

5. A pesar de ser joven, las habilidades de David y la presencia de Dios lo convirtieron en un miembro valioso del equipo del rey. Esto muestra que Dios puede usar a los jóvenes para ayudar a otros, incluso a los adultos.

6. David tenía dones naturales, pero también trabajó para perfeccionar sus talentos mediante la práctica y las experiencias en la vida real.

7. David no buscaba oportunidades; sus habilidades y el favor de Dios le trajeron oportunidades. De manera similar, si te destacas en lo que haces, Dios ayudará a que otros lo noten y te promoverá.

PREGUNTAS DE DISCUSIÓN

1. ¿Por qué se sorprendió Samuel cuando Dios eligió a David para ser el próximo rey? ¿Qué buscaba Dios en un líder? ¿Qué estaba buscando Samuel?

2. ¿Qué problemas de salud mental tenía el rey Saúl y cómo planearon sus asistentes ayudarlo? ¿Realmente estaban resolviendo el problema o tratando de encubrirlo?

3. ¿Cómo describió uno de los asistentes de Saúl a David cuando lo recomendó como músico?

4. ¿Qué rol asumió David cuando comenzó a servir al rey Saúl?
5. ¿Cómo ayudó David a que el rey Saúl se sintiera mejor cuando el espíritu maligno lo atormentaba?
6. ¿Qué cualidades y talentos distinguieron a David de los demás?
7. ¿Por qué David no necesitó anunciar sus habilidades o decirle a la gente que era talentoso?
8. ¿Cómo crees que David se volvió tan hábil a una edad tan temprana? ¿Crees que practicaba o que todo era natural para él? ¿Cómo puedes mejorar en lo que eres bueno ahora? ¿Estás dispuesto a pagar el precio?
9. ¿Qué dones o habilidades tienes? ¿Cómo los estás desarrollando? ¿Qué más puedes hacer? ¿Qué retroalimentación estás recibiendo de los demás para ayudarte a crecer y mejorar?
10. ¿Qué lección puedes aprender de la historia de David sobre desarrollar tus propios talentos y confiar en que Dios te promoverá?

PENSAMIENTO SOBRE EL PROPÓSITO

A menudo, ayudar a alguien a encontrar su propósito es ayudarlo a prestar atención tanto a sus talentos como a sus intereses. Ningún niño necesita que se le enseñe a jugar, pero cada niño tiene diferentes intereses y también juega de acuerdo con su propio estilo. Algunos juegan solos, algunos les gusta construir, algunos disfrutan cantar, otros son competitivos, y a algunos les gusta (o necesitan) estar a cargo. Todo eso significa algo. Tu trabajo como guía de propósito es ayudarlos a descubrir, con la ayuda de Dios, cómo identificar y desarrollar sus intereses y talentos.

Supongamos que un joven disfruta cantar. Entonces, ¿dónde y con qué frecuencia puede cantar? ¿Es cantar solo la punta del iceberg, por así decirlo? ¿Le gusta componer música? ¿Tocar un instrumento? ¿Formar parte de una banda? ¿Cantar en solitario? Toda esta información es importante y juega un papel en ayudar al joven a encontrar y cumplir su propósito.

ESTUDIO 6
UN HÉROE

OBJETIVO DEL ESTUDIO

En este capítulo, aprenderás que Dios puede usar a los jóvenes que son dotados y que han desarrollado ese don.

ENFOQUE BÍBLICO

La historia de la batalla de David con Goliat se encuentra en la Biblia, en el libro de 1 Samuel 17. Aquí están las referencias específicas para los puntos clave mencionados:

- La confianza y el testimonio de David: 1 Samuel 17:34-37

- El enfrentamiento de David con Goliat: 1 Samuel 17:48-50

Estos pasajes destacan cómo David, siendo un joven pastor, tuvo el valor y la fe para derrotar a Goliat, confiando en sus experiencias pasadas junto con la ayuda de Dios. Esto convierte a David en un gran modelo a seguir para los jóvenes de fe.

VISIÓN GENERAL

Muchos jóvenes admiran a atletas, músicos, estrellas de cine o personajes ficticios, pero recomiendo admirar a un héroe bíblico llamado David, el asesino de gigantes. David, que tenía alrededor de 17 años, ganó fama en Israel al derrotar a Goliat. Cuando David decidió pelear contra Goliat, el rey Saúl intentó disuadirlo, pero David compartió con confianza cómo había matado leones y osos mientras protegía las ovejas de su padre. Creía que Dios lo ayudaría a derrotar a Goliat, tal como lo había hecho con esos animales. El creyó que Dios lo ayudaría a derrotar a Goliat así como lo había hecho con otros animales.

Al igual que David, los jóvenes de hoy pueden obtener fortaleza de sus propios desafíos y confiar en que Dios los ayudará a lograr grandes cosas. La historia de David muestra que con fe y valor, puedes superar obstáculos y convertirte en un modelo a seguir para otros.

PUNTOS DE CONVERSACIÓN

1. David, conocido como el asesino de gigantes, tenía unos 17 años cuando se hizo famoso en Israel. Es un héroe bíblico que los jóvenes de fe deberían admirar e imitar.

2. David estaba seguro de su capacidad para derrotar a Goliat debido a su éxito pasado. Había defendido con éxito las ovejas de su padre matando leones y osos con sus propias manos.

3. Cuando el rey Saúl trató de disuadir a David de enfrentarse a Goliat, David explicó cómo Dios lo había salvado de animales salvajes y expresó su confianza en que Dios haría lo mismo con respecto a Goliat.

4. La confianza de David provenía de su testimonio de cómo Dios lo había ayudado en el pasado. Esto le dio la fuerza y el valor para ofrecerse a enfrentarse al gigante solo.

5. Al igual que David, los jóvenes de hoy pueden haber enfrentado tiempos difíciles, como problemas familiares, enfermedades o soledad. Estos desafíos pueden servir como testimonios de la fuerza de Dios y su ayuda en sus vidas, sobre lo cual pueden construir su éxito futuro.

6. Aunque eres joven, puedes lograr grandes cosas, como escribir un libro, comenzar un negocio o seguir una carrera. Confiar en Dios puede ayudarte a alcanzar estos objetivos, pero no puede ser solo un pensamiento ilusorio. Debe basarse en tus intereses y en tu disposición para trabajar mientras confías en Dios.

7. El éxito de David provino de confiar en Dios, y el tuyo también lo hará. Al ser como David y confiar en la ayuda de Dios, los jóvenes pueden enfrentar y superar sus propios gigantes, convirtiéndose en modelos a seguir para otros.

PREGUNTAS DE DISCUSIÓN

1. ¿Por qué David es un buen héroe para que los jóvenes de fe lo admiren e imiten? ¿Qué lecciones has aprendido de nuestro estudio sobre David?

2. ¿Cuántos años tenía David cuando ganó fama en Israel al derrotar a Goliat? ¿Qué crees que fue para él enfrentarse a un soldado experimentado como Goliat siendo tan joven?

John W. Stanko

3. ¿Qué hizo David cuando el rey Saúl trató de disuadirlo de luchar contra Goliat? ¿Por qué Saúl trató de disuadirlo de luchar? ¿Qué intentó darle Saúl a David para usar? ¿Por qué no funcionó?
4. ¿Por qué David estaba tan seguro de que podía derrotar a Goliat cuando todos los demás tenían miedo?
5. ¿Qué experiencias pasadas tenía David que le dieron la confianza para luchar contra Goliat? ¿Cómo crees que fue para él enfrentarse y matar a esos animales? ¿Has enfrentado grandes desafíos en tu vida y has tenido éxito? ¿Cuáles fueron y por qué pudiste superarlos?
6. ¿Por qué crees que el padre de David, Isaí, le dio un trabajo tan peligroso? ¿Crees que Dios estaba detrás de eso para preparar a David para su futuro? ¿Qué te está preparando para tu futuro?
7. ¿Qué pueden aprender los jóvenes del testimonio de David sobre enfrentar tiempos difíciles? ¿Qué has aprendido?
8. ¿Cómo pueden los desafíos pasados, ya sean éxitos o fracasos, en tu vida darte fuerza y valor hoy? ¿Cuáles fueron esos desafíos?
9. ¿Cuáles son algunos objetivos que los jóvenes pueden perseguir con la confianza de que Dios los ayudará?
10. ¿Cómo se aplica a tu vida ahora la creencia de David de que "El SEÑOR me ha salvado de leones y osos; él me salvará de este filisteo"? ¿Qué leones y osos has tenido que enfrentar? ¿Cuáles estás enfrentando ahora?

PENSAMIENTO SOBRE EL PROPÓSITO

Una de las lecciones más importantes de la fe se encuentra en lo que Pablo escribió en las palabras frecuentemente citadas de Romanos 8:28: "Ahora bien, sabemos que Dios dispone todas las cosas para el bien de quienes lo aman, a los que han sido llamados de acuerdo con su propósito."(NVI). David podría haber preguntado por qué la vida era tan difícil o por qué tuvo que enfrentarse a tantos animales mientras protegía las ovejas de su familia, mientras que sus hermanos no enfrentaban ninguno de ellos. Sin embargo, Dios lo estaba preparando para algo— su propósito—y usó esos animales para enseñar a David lecciones importantes.

Dios incluso puede usar una limitación física o un desafío, como el trastorno por déficit de atención o una discapacidad de aprendizaje, para preparar a un joven para el futuro. Así que lo mejor que puedes hacer como mentor es ayudarles a enfocarse en el hecho de que Dios es amor. Él ama a los jóvenes y está trabajando para bien en las cosas que enfrentan mientras persiguen su propósito.

ESTUDIO 7
MEJORA AL MÁXIMO

OBJETIVO DEL ESTUDIO

En este capítulo, aprenderás que Dios usa a las personas que han desarrollado su habilidad, incluso si son jóvenes. Dios no promueve el potencial, sino a aquellos que lo han desarrollado.

ENFOQUE BÍBLICO

La historia de David y Goliat se encuentra en la Biblia, en el libro de 1 Samuel 17. Aquí están las referencias específicas para los puntos clave mencionados:

- David derrotando a Goliat: 1 Samuel 17:48-50
- Hombres hábiles con la honda: Jueces 20:15-16

Estos pasajes destacan la batalla de David con Goliat, mostrando cómo su habilidad con la honda, combinada con la guía y ayuda de Dios, lo llevó a la victoria sobre el gigante.

VISIÓN GENERAL

Cada generación ama la historia de David y Goliat porque muestra cómo un joven desfavorecido derrotó a un poderoso enemigo con la ayuda de Dios. Sin embargo, David realmente no debería haber sido considerado el desfavorecido. Cuando Goliat se acercó, David corrió hacia él, tomó una piedra de su bolsa y la lanzó a la frente de Goliat, matándolo sin usar una espada (1 Samuel 17:48-50). Muchos creen que Dios guió milagrosamente la piedra, pero la habilidad de David jugó un papel importante.

Al igual que los honderos hábiles de Jueces 20:15-16, David estaba muy entrenado, o al menos era muy competente. Practicaba con su honda mientras cuidaba las ovejas, lo que le ayudó a ver lo que otros no vieron: la parte desprotegida de la cabeza de Goliat. Esta historia anima a los jóvenes a desarrollar sus habilidades, confiar en Dios y reconocer su potencial para hacer grandes cosas.

PUNTOS DE CONVERSACIÓN

1. La historia de David y Goliat es amada por cada generación porque cuenta cómo un joven desfavorecido, David, derrotó a un gigante enemigo, Goliat, con la ayuda de Dios (1 Samuel 17:48-50).

2. David mató a Goliat con una honda y una piedra, demostrando su notable habilidad. Era tan talentoso como los soldados zurdos de Jueces 20:15-16, quienes podían lanzar una piedra a un cabello sin fallar.

3. Mientras otros veían las armas masivas y la armadura de Goliat y entraban en pánico, David vio una oportunidad: un pequeño punto desprotegido en la frente de Goliat.

4. David probablemente practicaba sus habilidades con la honda durante momentos de aburrimiento mientras cuidaba las ovejas de su padre, convirtiendo esos momentos en tiempo productivo de práctica. Tal vez usaba esta habilidad para matar a los osos y leones que mencionó a Saúl.

5. Al igual que David, los jóvenes deben identificar sus talentos únicos y dedicar tiempo a mejorarlos. Ya sea en deportes, estudios o artes, la práctica y la dedicación son clave, reconociendo que esas habilidades o talentos son un regalo de Dios.

6. David no sabía que se estaba preparando para enfrentar a Goliat cuando practicaba con su honda. De manera similar, perfeccionar tus habilidades ahora puede prepararte tanto para oportunidades futuras como para las presentes.

7. David tomó en serio sus habilidades, a pesar de ser joven. Si haces lo mismo, te sorprenderás de lo lejos que puedes llegar, y Dios está listo para ayudarte a tener éxito. Solo recuerda que no se trata de ti, sino de Él y Su voluntad.

PREGUNTAS DE DISCUSIÓN

1. ¿Por qué crees que la historia de David y Goliat ha sido tan popular en cada generación a lo largo de la historia?

2. ¿Cómo derrotó David a Goliat según 1 Samuel 17:48-50? Recrea el duelo en tu mente.

3. ¿Cuál es la interpretación común de cómo David mató a Goliat? ¿Cómo

crees que realmente sucedió?

4. ¿Cómo ayudó Dios a David a derrotar a Goliat? ¿Cuál fue el papel de Dios? ¿Y cuál fue el de David?
5. ¿Qué comparación se hace entre David y los hombres mencionados en Jueces 20:15-16?
6. ¿Por qué los otros soldados entraron en pánico y huyeron cuando vieron a Goliat, mientras que David no lo hizo? ¿Qué sabía David? ¿Qué vio él? ¿Qué ves tú en los desafíos que estás enfrentando en tu vida en este momento?
7. ¿Qué notó David sobre Goliat que otros no vieron? ¿Qué ves tú que piensas que todos deberían ver pero no lo hacen porque es único para quien Dios te creó para ser?
8. ¿Cómo crees que pasó David su tiempo mientras cuidaba las ovejas de su padre? ¿Qué haces en tu tiempo libre que te está preparando para el futuro?
9. ¿Qué pregunta(s) deberías hacerte para identificar tus propios talentos o habilidades? ¿Cuáles son algunos de tus dones y talentos?
10. ¿Cómo puede el desarrollo de una habilidad a una edad temprana, como lo hizo David con su honda, prepararte para oportunidades futuras? ¿Qué tipo de habilidades tienes que Dios puede usar tanto ahora como en el futuro?

PENSAMIENTO SOBRE EL PROPÓSITO

Es importante que ayudes a los jóvenes a entender sus talentos y habilidades. Cuando algo le resulta fácil a alguien, a menudo puede pasarlo por alto, especialmente cuando están buscando su propósito dado por Dios. Su pensamiento puede ser que es demasiado fácil o no lo suficientemente espiritual. Por lo tanto, van en busca de algo más espectacular o "difícil". En lugar de descartar su arte, habilidad atlética o talento musical, deben desarrollarlo sin asumir que saben lo que Dios quiere que hagan con él. Es poco probable que David supiera que se estaba preparando para luchar contra Goliat algún día. Solo se estaba volviendo muy bueno con una honda, pero eso abrió la puerta para algo más grande e importante más adelante.

A veces, un perfil de dones espirituales puede ayudarles a pensar en sus dones, pero esos perfiles son bastante limitados. Solo miden algunos dones estereotípicos y no incluyen cosas como el humor, la habilidad atlética, la mayoría de las expresiones creativas (pintura, escultura, poesía, etc.) o la innovación. Pero el perfil puede hacer que un joven piense y hable sobre quién es y lo que hace, y eso puede ser útil.

ESTUDIO 8
VIDA FAMILIAR

OBJETIVO DEL ESTUDIO

En este capítulo, verás que David tenía gran favor con Dios, pero no con su familia. Aunque el apoyo de la familia es maravilloso, a veces una familia no puede o no quiere reconocer el propósito que Dios tiene para quienes están más cerca de ellos.

ENFOQUE BÍBLICO

Las historias de los primeros años de la vida de David y sus interacciones familiares se encuentran en la Biblia, en el libro de 1 Samuel. Aquí están las referencias específicas para los puntos clave mencionados:

- Samuel ungiendo a David: 1 Samuel 16:10-12

- La reacción de los hermanos de David en el campo de batalla: 1 Samuel 17:12, 28-29

- David cuidando a su familia más tarde en la vida: 1 Samuel 22:3

Estos pasajes destacan cómo David fue pasado por alto por su propia familia pero aun así elegido por Dios para grandes propósitos, mostrando que a veces los más cercanos a ti pueden no reconocer tu verdadero potencial.

VISIÓN GENERAL

David fue un héroe para muchos, pero no era visto como un campeón en su propia familia. Cuando Samuel vino a ungir al próximo rey, el padre de David, Isaí, ni siquiera consideró inicialmente a David, quien estaba cuidando las ovejas, un trabajo peligroso. Más tarde, cuando David visitó a sus hermanos en el campo de batalla, su hermano mayor, Eliab, se enojó con él por querer pelear contra Goliat. Esto muestra que a veces los más cercanos a ti pueden no reconocer tu potencial o el propósito de Dios para tu vida. A pesar de esto, es importante mantenerse paciente y enfocado en lo que Dios quiere para ti. Incluso si tu familia no ve tu verdadero potencial, otros sí podrían verlo, y aún puedes cumplir el plan de Dios para tu vida.

PUNTOS DE CONVERSACIÓN

1. Cuando Samuel vino a ungir al próximo rey, Isaí no consideró inicialmente a David, quien estaba cuidando las ovejas (1 Samuel 16:10-12).

2. Cuando David mostró interés en pelear contra Goliat, su hermano mayor, Eliab, se enojó y se burló de él, cuestionando sus motivos (1 Samuel 17:28-29).

3. Aquellos que están más cerca de ti, como tu familia o amigos, pueden no reconocer tus habilidades o el propósito de Dios para tu vida, enfocándose en cambio en tus errores y debilidades.

4. Aunque la familia de David no vio su potencial, otros sí lo hicieron, y lo alentaron a crecer y cumplir el propósito de Dios para su vida.

5. Si los más cercanos a ti no ven tu potencial, no te enojes ni te amargues. Dios puede usarte para ayudarlos en el futuro, como David ayudó a su familia más tarde en la vida (1 Samuel 22:3).

6. Es importante entender lo que Dios quiere para tu vida y aferrarte a esa visión, confiando en que se cumplirá. Dios usará todo, incluso a aquellos que te rechazan, para prepararte para tu propósito futuro.

7. Haz que tu principal tarea sea servir y agradar a Dios, y Él revelará Su voluntad para ti si estás interesado en conocerla. Él es quien te dio tus dones y talentos, por lo que tu mayor prioridad es servirle desarrollándolos.

PREGUNTAS DE DISCUSIÓN

1. ¿Por qué crees que David no fue considerado un campeón en su propia familia a pesar de ser un héroe para muchos en Israel? ¿Qué crees que estaba sucediendo en esa familia?

2. ¿Qué hizo Samuel cuando no encontró a ninguno de los primeros siete hijos de Isaí aceptable para ungir como el próximo rey?

3. ¿Cómo respondió Isaí cuando Samuel le preguntó si tenía más hijos?

4. ¿Cuál era el papel de David en su familia cuando Samuel vino a ungir al próximo rey?

5. ¿Cuál fue la reacción de Eliab cuando David expresó interés en pelear contra Goliat?
6. ¿Cómo respondió David a los comentarios enojados de Eliab? ¿Cómo respondes cuando las personas no te respetan o no te prestan la atención que crees merecer por las cosas buenas que has hecho?
7. ¿Qué sugiere la historia sobre cómo los miembros de la familia a veces ven el potencial de los demás? ¿Cómo ves tú a los otros miembros de tu familia?
8. ¿Cómo deberías reaccionar si tu familia no ve o entiende el propósito de Dios para tu vida?
9. ¿Qué sucedió más tarde en la vida de David que muestra que aún cuidaba a su familia a pesar de su trato inicial hacia él? ¿Estás preparado para cuidar de tu familia si surge la necesidad?
10. ¿Por qué es importante ser paciente y mantenerse enfocado en el plan de Dios para tu vida, incluso si los más cercanos a ti no ven tu potencial?

PENSAMIENTO SOBRE EL PROPÓSITO

A la mayoría de las personas se les ha enseñado a pensar en su carrera, en lo que harán para ganar dinero. A veces los jóvenes han revisado estadísticas que muestran qué tipos de trabajos estarán disponibles y qué habilidades se necesitarán cuando sean lo suficientemente grandes para trabajar, y luego comienzan a prepararse para esos trabajos, incluso si solo están interesados en el dinero que pueden ganar. Las familias, especialmente los padres, por supuesto, están preocupadas por cómo sus hijos se ganarán la vida, por lo que a menudo son ellos quienes dirigen a sus hijos hacia trabajos bien remunerados. Aunque eso es importante, el propósito es diferente. Es más una expresión de quién es el niño en lugar de lo que puede o hará.

Me encanta organizar. De hecho, mi declaración de propósito es "crear orden a partir del caos". Esa es la esencia de quién soy. A partir de eso, he sido autor, editor, planificador de eventos, consultor, consejero, instructor universitario y viajero por el mundo. En cada una de esas actividades, lo que hice fue lo mismo: aporté estructura a la confusión, orden al potencial y caos.

Consulta el Apéndice para ver la lista de declaraciones de propósito que la gente me ha dado a lo largo de los años. No hay nada de malo en que un joven revise esa lista y elija una de esas declaraciones que parezca resumir mejor quién fue creado para ser. A lo largo de los años, la gente me ha dicho que sienten que su declaración de propósito es la misma que la mía. Eso está bien, pero lo expresarán de una manera muy diferente a la mía porque tenemos dones, experiencias e intereses completamente diferentes.

ESTUDIO 9
UNA CABEZA GRANDE

OBJETIVO DEL ESTUDIO

En este capítulo, aprenderás cómo manejar cualquier éxito que tengas.

ENFOQUE BÍBLICO

La historia de David y Goliat se encuentra en 1 Samuel 17. Aquí están las referencias específicas para los puntos clave mencionados:

- David mató a Goliat con una piedra de su honda: 1 Samuel 17:49

- David cortó la cabeza de Goliat después de que cayó: 1 Samuel 17:51

- Los ejércitos de Israel se animaron por la victoria de David y derrotaron al ejército filisteo: 1 Samuel 17:52-53

- David llevó la cabeza de Goliat a Jerusalén y guardó sus armas en su tienda: 1 Samuel 17:54

Estos pasajes cuentan la historia de lo que hizo David antes y después de derribar al gigante.

VISIÓN GENERAL

Cuando haces algo bien, ¿cómo lo manejas cuando alguien te felicita? Algunas personas pueden decirte que niegues tu talento o que digas que fue todo obra de Dios, pero al observar la vida del joven David, aprendemos un enfoque diferente. Después de que David derrotó a Goliat con su honda, celebró su victoria llevando la cabeza de Goliat a Jerusalén y guardando la espada del gigante como un trofeo. David quería que la gente viera su éxito para animarlos y mostrarles que no necesitaban vivir con miedo. Cuando logras algo, reconócelo y di "gracias" cuando te feliciten. No tengas miedo de celebrar tus logros y compartirlos con los demás, tal como lo hizo David. Esto te ayuda a ver que el éxito no es algo que se deba ocultar, sino disfrutar, inspirándote a ti mismo y a otros para hacer cosas aún más grandes con la ayuda de Dios.

PUNTOS DE CONVERSACIÓN

1. David cumplió su promesa de derrotar a Goliat y lo mató con una piedra de su honda. Luego cortó la cabeza de Goliat y la llevó consigo.
2. Los ejércitos de Israel se animaron por la victoria de David y ganaron una gran batalla contra el ejército filisteo.
3. David llevó la cabeza de Goliat a Jerusalén y puso las armas del gigante en su tienda. Celebró su victoria y mostró a todos su logro.
4. Cuando logres el éxito, debes reconocerlo y celebrarlo. No niegues ni minimices tu éxito.
5. Si alguien te felicita, di "gracias" y cuéntales cómo Dios te ayudó, pero no actúes como si no tuvieras nada que ver con el éxito. Fue una asociación entre tú y Dios.
6. Si nadie te felicita, felicítate a ti mismo y admira lo que has hecho. Celebra tus logros organizando una fiesta o haciendo un viaje, o simplemente disfrutando el momento en tu mente.
7. Las victorias de David sobre osos, leones y Goliat sirvieron para animar a otros. También lo prepararon para futuras victorias como rey. Tú también deberías dar a conocer tus victorias y dejar que el mundo sepa lo que Dios y tú han logrado juntos.

PREGUNTAS DE DISCUSIÓN

1. ¿Qué hizo David después de matar a Goliat con una piedra de su honda? ¿Qué tan difícil crees que fue hacer lo que David hizo con el cuerpo de Goliat?
2. ¿Cómo reaccionaron los ejércitos de Israel ante la victoria de David sobre Goliat?
3. ¿Por qué David llevó la cabeza del filisteo a Jerusalén y puso las armas en su tienda?
4. ¿Qué lección puedes aprender de las acciones de David después de su victoria sobre Goliat?
5. ¿Cómo deberías responder cuando alguien te felicita por algo que has

hecho bien? ¿Practicas lo que dirás y cómo actuarás cuando tengas éxito?

6. ¿Qué deberías hacer si logras algo grande y nadie lo nota o te felicita? ¿Crees que está bien hacerlo o piensas que a Dios no le gusta cuando haces eso?
7. ¿Por qué es importante celebrar tus victorias y no negar tu éxito? ¿Por qué crees que puede ser tan difícil hacer ambas cosas?
8. ¿Cómo usó David sus victorias para animarse a sí mismo y a los demás? ¿Utilizas tus victorias para animarte a ti mismo y a otros?
9. ¿Qué crees que es un mayor desafío para ti: el miedo al fracaso o cómo manejar el éxito y la admiración?
10. ¿Cuál es el mensaje principal para ti en este capítulo sobre lograr y celebrar el éxito?

PENSAMIENTO SOBRE EL PROPÓSITO

Una de las enseñanzas que a menudo se predica es que nuestros corazones son malvados, y generalmente se cita Jeremías 17:9 (NTV): "Nada hay tan engañoso como el corazón. No tiene remedio. ¿Quién puede comprenderlo?" Sin embargo, Dios prometió darnos un corazón nuevo en el nuevo día del Señor, lo cual entendemos como la primera venida de Jesús: "Les daré un nuevo corazón y derramaré un espíritu nuevo entre ustedes; quitaré ese corazón de piedra que ahora tienen y les pondré un corazón de carne." (Ezequiel 36:26 NVI). ¿Cuál es el punto que estoy tratando de hacer?

Pablo escribió: "Por la gracia que se me ha dado, digo a todos ustedes: Nadie tenga un concepto de sí más alto que el que debe tener, sino más bien piense de sí mismo con moderación, según la medida de fe que Dios le haya dado." (Romanos 12:3). Pablo estaba diciendo: "No te sobrestimes, eso es orgullo. Pero si puedes cantar, entonces está bien cantar y decir que puedes cantar porque eso es lo que Dios te creó para hacer." En otras palabras, no deberíamos enseñar a los jóvenes a negar que han hecho algo significativo o que pueden hacer algo bien. En su lugar, deben aceptar esas cosas, agradecer a Dios y encontrar cómo pueden construir sobre ellas para hacer cosas aún más grandes en el futuro que Dios tiene planeado para ellos.

ESTUDIO 10
DEJAD QUE LOS NIÑOS VENGAN

OBJETIVO DEL ESTUDIO

En este capítulo, aprenderás que Dios valora a quienes son ciudadanos de Su reino, y los niños tienen una ventaja distinta en ese sentido.

ENFOQUE BÍBLICO

El evangelio de Mateo nos relata una ocasión en la que los padres llevaban a sus hijos a Jesús solo para que los discípulos intentaran impedirles que se acercaran.

1. Las personas llevaron a los niños a Jesús para recibir una bendición, y Jesús los acogió a pesar de las objeciones de los discípulos: Mateo 19:13-15

2. Jesús comenzó Su ministerio hablando sobre el Reino de Dios: Marcos 1:15

3. Jesús explicó a Sus discípulos que el mayor en Su Reino debe ser como el más joven y actuar como sirviente: Lucas 22:26

Jesús usó esta oportunidad para enseñar a las personas otra lección sobre el Reino de Dios.

VISIÓN GENERAL

Hubo un momento en el ministerio público de Jesús en el que las personas llevaban a sus hijos para recibir una bendición, pero los discípulos trataron de detenerlos. Jesús les dijo a los discípulos que dejaran que los niños vinieran, diciendo que el Reino de los cielos pertenece a aquellos que son como ellos (ver Mateo 19:13-15). Esto significa que Jesús acoge a los jóvenes y valora sus corazones humildes, abiertos e inocentes. Habló sobre la cercanía del Reino de Dios y enseñó que, para ser grande en el Reino de Dios, uno debe ser como un siervo y el más joven (ver Lucas 22:26).

Jesús enfatizó que los jóvenes a menudo modelan el comportamiento más apropiado para Su Reino, demostrando que Dios puede usar a las personas de cualquier edad, incluso a los jóvenes, si tienen el corazón y la actitud correctos. Por lo tanto, puedes sentirte libre de acercarte a Jesús, incluso si eres joven, permitiendo que Él te guíe para que puedas ser un buen ejemplo para los demás de cómo Su Reino está presente en tu vida.

PUNTOS DE CONVERSACIÓN

1. Cuando la gente llevó niños a Jesús, los discípulos intentaron detenerlos, pero Jesús acogió a los niños y dijo que el Reino de los cielos pertenece a quienes son como ellos (Mateo 19:13-15).

2. Jesús impuso Sus manos sobre los niños y oró por ellos, mostrando que Él valora a los jóvenes y desea que se acerquen a Él.

3. Jesús dijo que Su Reino pertenece a aquellos que tienen la misma actitud y comportamiento que los niños pequeños, lo que significa humildad y apertura para aprender, reconociendo sus limitaciones y necesidades.

4. Cuando Jesús comenzó Su ministerio, habló sobre el Reino de Dios, que implica vivir según la voluntad de Dios todos los días, no solo mientras alguien está en la iglesia.

5. Jesús enseñó que, para ser grande en el Reino de Dios, uno debe ser como el más joven y actuar como un siervo (Lucas 22:26).

6. Los jóvenes a menudo modelan el mejor comportamiento para el Reino de Dios porque saben que son débiles y están abiertos a aprender y crecer.

7. Jesús acoge a personas de todas las edades para que vengan a Él, y puede usarte para Sus propósitos, sin importar cuán joven seas.

PREGUNTAS DE DISCUSIÓN

1. ¿Por qué la gente llevaba a los niños a Jesús y cómo reaccionaron los discípulos?

2. ¿Qué les dijo Jesús a los discípulos cuando intentaron detener a la gente de llevar a los niños hacia Él?

3. ¿Qué hizo Jesús por los niños que fueron llevados hacia Él?

4. ¿Qué significa cuando Jesús dice que el Reino de los cielos pertenece a aquellos que son como niños? ¿Qué entiendes que es el Reino de Dios?
5. ¿Cómo comenzó Jesús Su ministerio y de qué habló?
6. ¿Qué es el Reino de Dios, según el pasaje?
7. ¿Cuáles son algunas de las reglas o leyes en el Reino de Dios que Jesús enseñó?
8. ¿Cómo describió Jesús la grandeza en Su Reino cuando hablaba con Sus discípulos?
9. ¿Por qué dijo Jesús que los jóvenes tienen una ventaja sobre los adultos en el Reino de Dios?
10. ¿Cómo pueden los jóvenes modelar el comportamiento que Jesús quiere ver en Su Reino? ¿Cómo pueden hacerlo los adultos? ¿Cómo puedes hacerlo tú?

PENSAMIENTO SOBRE EL PROPÓSITO

Jesús no vino predicando sobre la iglesia, sino que vino predicando y enseñando sobre el Reino. La iglesia está con nosotros (o estamos en la iglesia) solo unas pocas horas a la semana, pero vivimos en el Reino de Dios 24 horas al día, siete días a la semana. Por lo tanto, el propósito de alguien no es una asignación de la iglesia, sino una asignación del Reino. Si tu propósito es enseñar, enseñarás en la iglesia, pero también fuera de la iglesia. Y pasarás más horas en tu propósito fuera de la iglesia que dentro de ella.

Por eso es importante ayudar a los jóvenes a entender que están sirviendo a Dios cuando están funcionando en su propósito. Es algo que el Rey Jesús les ha dado para hacer, ya sea en los deportes, la medicina, el ejército o su familia. Lo más importante es que tengan un corazón de siervo, como si fueran el más joven en una familia, encargado de hacer las cosas que otros no querían hacer. Eso puede ser humillante, pero así es ser parte del Reino de Dios.

ESTUDIO 11
UNA BUENA HERMANA

OBJETIVO DEL ESTUDIO

En este capítulo, verás que el propósito puede ser un evento familiar en el que todos los miembros se comprometen a ver que cada uno cumpla la voluntad de Dios.

ENFOQUE BÍBLICO

La historia de Moisés siendo dejado en una canasta en el río por su madre se cuenta en Éxodo 2. Sería útil leer la historia antes de comenzar. Aquí están los aspectos importantes del evento:

- La madre de Moisés lo escondió durante tres meses, luego lo colocó en una canasta en el río: Éxodo 2:1-3

- La hermana de Moisés se quedó a distancia para ver qué le sucedería: Éxodo 2:4-5

- La hija del faraón encontró a Moisés en la canasta y sintió compasión por él: Éxodo 2:5-6

- La hermana de Moisés se acercó a la princesa y organizó todo para que su madre amamantara a Moisés: Éxodo 2:7-9

Estos pasajes cuentan la historia de una joven madre y su hija que tuvieron fe en que el propósito de su hijo y hermano se cumpliría, aunque el rey había ordenado la muerte de todos los bebés varones.

VISIÓN GENERAL

En este capítulo, nos enfocamos en otra joven en la Biblia, específicamente en la historia del bebé Moisés y su valiente hermana. Cuando Moisés nació, su madre lo escondió durante tres meses. Al no poder ocultarlo más, lo colocó en una canasta impermeable en la hierba alta del río. Su hermana, probablemente llamada Miriam, lo vigilaba desde lejos. Cuando la hija del faraón encontró la canasta y sintió compasión por el bebé que lloraba, Miriam valientemente se acercó y ofreció encontrar a una mujer hebrea para amamantarlo. Cuando la princesa aceptó, Miriam trajo a su madre, quien luego fue pagada para cuidar a Moisés. Este acto de valentía salvó la vida de Moisés y transformó una situación desesperada en una bendición para su familia. Esta historia nos enseña que, independientemente de nuestra edad, podemos hacer una diferencia significativa y ser una bendición para nuestras familias mediante el coraje y la iniciativa creativa.

PUNTOS DE CONVERSACIÓN

1. La madre de Moisés lo escondió durante tres meses, pero finalmente tuvo que colocarlo en una canasta en el río con la esperanza de que lo mantuviera a salvo.

2. La hermana de Moisés, probablemente llamada Miriam, observaba desde lejos para ver qué sucedería con él.

3. La hija del faraón encontró la canasta y sintió compasión por el bebé, dándose cuenta de que era un niño hebreo.

4. Miriam se acercó valientemente a la princesa y le preguntó si necesitaba una nodriza para el bebé. Cuando la princesa estuvo de acuerdo, Miriam trajo a su madre.

5. La princesa pagó a la madre de Moisés para que lo cuidara, transformando una situación potencialmente trágica en una bendición para la familia.

6. El coraje y la rapidez de pensamiento de Miriam ayudaron a salvar la vida de Moisés y proveyeron para su familia.

7. La historia enseña que incluso los jóvenes pueden tener un impacto significativo y ayudar a sus familias siendo valientes y recursivos.

PREGUNTAS DE DISCUSIÓN

1. ¿Por qué la madre de Moisés lo escondió durante tres meses?
2. ¿Qué hizo la madre de Moisés cuando ya no podía esconderlo más?
3. ¿Quién encontró la canasta con el bebé Moisés en ella?
4. ¿Cómo reaccionó la hija del faraón cuando encontró al bebé en la canasta?

5. ¿Qué le sugirió la hermana de Moisés a la princesa después de encontrar al bebé?
6. ¿Cómo respondió la princesa a la sugerencia de la hermana de Moisés?
7. ¿Por qué crees que la familia de Moisés estaba tan decidida a salvarlo? (Pista: ¡veían su propósito!)
8. ¿Cómo terminó la madre de Moisés cuidándolo después de que fue encontrado por la princesa?
9. ¿Qué lecciones podemos aprender de la fe de la madre de Moisés y la valentía de su hermana?
10. ¿Cómo pueden los jóvenes, como la hermana de Moisés, ser una bendición para sus familias? ¿Cómo puedes tú ser una bendición para la tuya?

PENSAMIENTO SOBRE EL PROPÓSITO

Los jóvenes a menudo piensan: "Cuando tenga más educación y sea mayor, entonces Dios podrá usarme." Pero en la historia de este capítulo, leemos cómo una niña desempeñó un papel importante en salvar a su hermano, quien luego impactó a la nación y aún está hablando al mundo a través de su vida e historia. Es importante inculcar en los jóvenes que pueden hacer una diferencia a través de sus vidas ahora. De hecho, Dios quiere que lo hagan, y debería comenzar dentro de su propia familia. Por lo tanto, deben seguir sus pensamientos sobre formas en que pueden ser útiles, no solo en su familia, sino también en sus escuelas, comunidades e iglesias.

Los jóvenes pueden ser ujieres en la iglesia ahora, no solo cuando sean adultos. Pueden ayudar a la generación más joven detrás de ellos ahora como tutores y mentores. Pueden escribir y producir cosas creativas que puedan bendecir y entretener a las personas ahora. La palabra más importante aquí es "ahora". Pueden ser una bendición y tener un propósito, no cuando lleguen a los 21 años o cuando terminen la escuela, sino justo donde están con lo que saben que tiene la capacidad de beneficiar a sus amigos y familias.

ESTUDIO 12
EL SUEÑO DE UN ADOLESCENTE

OBJETIVO DEL ESTUDIO

En este capítulo, aprenderás que Dios puede elegir a un miembro de la familia para una asignación específica que el resto de la familia no ve o entiende.

ENFOQUE BÍBLICO

Vimos en el capítulo anterior cómo la familia de Moisés jugó un papel positivo en su vida temprana. Lo opuesto es cierto para un joven llamado José. La historia de José se encuentra en Génesis, capítulos 37 al 50, y está basada en la fascinante historia de Jacob y sus hijos, quienes nacieron de cuatro mujeres diferentes. Es importante recordar que José era el favorito de Jacob, lo que causó todo tipo de problemas entre los hermanos. Aquí están algunos aspectos importantes de la historia familiar:

- José, a los diecisiete años, llevó un mal reporte sobre sus hermanos a su padre. Como su padre amaba más a José que a los demás, le hizo una túnica ornamentada, lo que causó que sus hermanos lo odiaran: Génesis 37:2-4

- El sueño de José sobre las gavillas de sus hermanos inclinándose ante la suya, lo que hizo que sus hermanos lo odiaran aún más: Génesis 37:5-8

La familia disfuncional de José preparó el escenario para el drama que se desarrolló después de que él informara a su familia lo que había soñado.

VISIÓN GENERAL

José era un joven de diecisiete años cuando leemos por primera vez sobre él en la Biblia. Era parte de una familia complicada, con muchos hermanos de cuatro madres diferentes, lo que llevó a muchos problemas familiares. José era el favorito de su padre, lo que hizo que sus hermanos lo odiaran más de lo que ya lo hacían. A pesar de esto, Dios eligió a José para desempeñar un papel importante no solo en su hogar, sino en el mundo. José tuvo un sueño en el que sus hermanos se inclinaban ante él, lo que intensificó aún más su odio hacia él. Dios le dio este sueño a José a pesar de saber que causaría tensiones familiares, y usó estos problemas para llevar a José donde necesitaba estar. Si tienes un sueño y tu familia no lo entiende, recuerda que Dios sabe lo que está haciendo. Sé claro sobre tu sueño, piensa en lo que quieres hacer y ora por orientación. Dios te ayudará a cumplir tu propósito tal como lo hizo con José.

PUNTOS DE CONVERSACIÓN

1. José tenía diecisiete años cuando leemos por primera vez sobre él en la Biblia en Génesis 37. La historia de su viaje para encontrar y cumplir su propósito se encuentra en el resto de Génesis.
2. La familia de José tenía muchos problemas porque tenía hermanos de cuatro madres diferentes, y su padre mostraba favoritismo hacia José y Benjamín, que nacieron de la esposa que más amaba.
3. El padre de José mostró su favoritismo dándole una túnica ornamentada, lo que causó que sus hermanos lo odiaran aún más.
4. A pesar de los problemas familiares, Dios eligió a José para un papel importante.
5. José tuvo un sueño que hizo que sus hermanos quisieran matarlo porque sugería que él gobernaría sobre ellos.
6. Dios usó los problemas con los hermanos de José para llevarlo al lugar donde necesitaba estar.
7. Si tienes un sueño, confía en que Dios te ayudará a lograrlo, incluso si tu familia no lo entiende o no te apoya.

PREGUNTAS DE DISCUSIÓN

1. ¿Cuántos años tenía José cuando leemos por primera vez sobre él en la Biblia?
2. ¿Cuál era el negocio familiar en el que José y sus hermanos estaban involucrados? ¿Recuerdas lo peligroso que podía ser este trabajo a partir de nuestro estudio sobre el rey David?

3. ¿Por qué los hermanos de José lo odiaban? ¿Qué hizo él para enojarlos?
4. ¿Qué regalo especial le dio el padre de José? ¿Crees que fue una decisión sabia de su parte?
5. ¿Por qué crees que la familia tenía tantos problemas y tanto odio entre sí?
6. ¿De qué trataba el sueño de José y cómo reaccionaron sus hermanos ante él?
7. ¿Por qué crees que Dios eligió a José, a pesar de que esto causó problemas con sus hermanos?
8. ¿Cómo usó Dios a los hermanos de José para llevarlo al lugar donde necesitaba estar?
9. ¿Qué deberías hacer si tienes un sueño que tu familia no entiende?
10. ¿Cómo puedes comenzar a prepararte para tu sueño, incluso si aún no sabes exactamente qué es?

PENSAMIENTO SOBRE EL PROPÓSITO

Ninguna familia es perfecta. Los padres tienen sus propias luchas y luego llegan los hijos, y sus debilidades y pecados se suman a la mezcla familiar. Esto puede crear una cultura y un ambiente familiar que no nutren a los individuos en ella. Además, los padres naturalmente se preocupan por la capacidad de sus hijos para ganarse la vida cuando sean mayores, por lo que, por lo general, desean que el niño "encuentre un trabajo" en el que pueda "ganar dinero," lo suficiente para mantenerse a sí mismo y a su propia familia.

Es en estos entornos que algunos jóvenes se encuentran y pueden tener sus propias ideas sobre cómo se ve su futuro. Tu tarea es ayudarlos a entender la situación familiar en la que viven y ayudarlos a aclarar, tanto como sea posible, cómo podría ser la voluntad de Dios para ellos. Necesitarán honrar a sus padres, mientras tal vez toman decisiones que los llevarán en una dirección diferente de la que su familia desea o ve.

ESTUDIO 13
CONOCE Y PREPÁRATE

OBJETIVO DEL ESTUDIO

En este capítulo, aprenderás sobre la importancia de tener una visión personal para tu futuro y luego aferrarte a esa visión a toda costa.

ENFOQUE BÍBLICO

La historia de José se encuentra en Génesis, capítulos 37 al 50, y está basada en la fascinante historia de Jacob y sus hijos, quienes nacieron de cuatro mujeres diferentes. Es importante recordar que José era el favorito de Jacob, lo que causó todo tipo de problemas en la familia entre los hermanos. Aquí están algunos aspectos importantes de la historia familiar:

- El segundo sueño de José, en el cual vio al sol, la luna y once estrellas inclinándose ante él. Sus hermanos estaban celosos, pero su padre seguía pensando en el asunto: Génesis 37:9-11

- José le dijo al faraón que la repetición de su sueño significaba que el asunto estaba decidido por Dios y sucedería pronto: Génesis 41:32

- José reconoció a sus hermanos cuando vinieron a Egipto, pero ellos no lo reconocieron. Él recordó los sueños que había tenido acerca de ellos: Génesis 42:8-9

El segundo sueño de José alimentó el drama en su familia, lo que lo llevó a ser vendido como esclavo y finalmente dado por muerto.

VISIÓN GENERAL

Sigamos observando la vida del adolescente José. Tuvo un segundo sueño que confirmaba su futuro, donde el sol, la luna y once estrellas se inclinaban ante él, lo que hizo que sus hermanos estuvieran aún más celosos y hasta que su propio padre lo regañara. Todos sabían que el sueño significaba que José sería el líder de la familia algún día. Después de esto, aprendemos que sus hermanos lo vendieron como esclavo, lo que llevó a José a la tierra de Egipto.

Muchos años después, José se presentó ante el rey y explicó al faraón que tener dos sueños significaba que Dios los haría realidad pronto, y José sabía de lo que estaba hablando debido a los dos sueños que él mismo había tenido. La preparación de José para su propósito fue difícil: sus hermanos lo vendieron como esclavo, fue falsamente acusado e incluso encarcelado durante años antes de convertirse en líder en Egipto tras interpretar los sueños del faraón.

A través de todo, José recordó sus sueños y confió en el plan de Dios. Al igual que José, los jóvenes deben tener sueños, prepararse para ellos y mantener su fe en lo que Dios les ha mostrado, incluso cuando el camino es difícil. Leer la historia de José en Génesis, capítulos 37 al 50, puede proporcionar inspiración y guía para cualquier joven en su camino hacia encontrar y cumplir su propósito.

PUNTOS DE CONVERSACIÓN

1. José tuvo un segundo sueño en el que el sol, la luna y once estrellas se inclinaban ante él, confirmando su sueño anterior de su preeminencia en la familia y haciendo que sus hermanos estuvieran aún más celosos (Génesis 37:9-11).

2. El padre de José lo regañó por su sueño, pero después de escucharlo, siguió pensando en lo que podría significar.

3. La vida de José estuvo llena de desafíos: traición por parte de sus hermanos, ser vendido como esclavo, ser falsamente acusado y encarcelado. A pesar de todo, se mantuvo fiel y confió en el plan de Dios.

4. José interpretó los sueños de dos compañeros prisioneros con precisión, pero uno de ellos olvidó ayudarlo cuando fue liberado, lo que hizo que José pasara dos años más en la cárcel.

5. José explicó al faraón que tener dos sueños significaba que Dios seguramente haría que se cumplieran pronto (Génesis 41:32).

6. Después de interpretar los sueños del faraón, José fue promovido a ser el segundo al mando en Egipto porque estaba preparado, era fiel y sabio.

7. José recordó sus sueños 22 años después de haberlos tenido, y estos le

dieron la fe y la fuerza para soportar sus pruebas y cumplir el propósito de Dios para su vida.

PREGUNTAS DE DISCUSIÓN

1. ¿Qué vio José en su segundo sueño y cómo reaccionó su familia ante él (ver Génesis 37:9-11)?
2. ¿Por qué los hermanos de José se pusieron aún más celosos de él después de que compartió su segundo sueño?
3. ¿Qué desafíos enfrentó José después de que sus hermanos lo vendieron como esclavo en Egipto?
4. ¿Cómo ayudó José a dos de sus compañeros prisioneros mientras estaba en la cárcel, y qué sucedió después de que pidió su ayuda a cambio?
5. ¿Cómo interpretó José la repetición de los sueños del faraón en su vida (Génesis 41:32)? ¿Cómo lo ayudaron sus sueños a interpretar los del faraón?
6. ¿Qué evento significativo le sucedió a José después de interpretar los sueños del faraón y cómo cambió su vida?
7. ¿Cómo crees que los sueños de José lo ayudaron a mantenerse enfocado en su propósito a lo largo de sus muchas pruebas y desafíos (ver Génesis 42:8-9)?
8. ¿Por qué es importante que los jóvenes tengan un sueño o propósito, según la historia de José?
9. ¿Cómo pueden los jóvenes prepararse para sus sueños futuros, basándose en el ejemplo de José?
10. ¿Qué lecciones puedes aprender de José sobre la fe y la perseverancia al perseguir tus sueños? ¿Cuáles son tus sueños para el futuro?

PENSAMIENTO SOBRE EL PROPÓSITO

Muchas personas famosas en la historia tenían una visión clara de lo que querían hacer cuando "crecieran". Esta visión guió sus decisiones sobre qué hacer y qué no hacer en preparación para lo que veían en su futuro. Tu trabajo es ayudar a los jóvenes en tu vida a ver su propósito y aferrarse a él durante los tiempos difíciles de preparación. Permíteme compartir un ejemplo personal.

Cuando vine al Señor, era un estudiante de posgrado de veintitrés años en la universidad. Había sido aceptado en la Universidad de Harvard para obtener mi MBA, pero Harvard requería que trabajara durante dos años antes de comenzar mi programa. Mientras esperaba para ir, conocí al Señor. Casi de inmediato, 'vi' que estaba frente a grandes multitudes y sabía que les estaba hablando del Señor.

Por lo tanto, no asistí a Harvard, sino que comencé a prepararme para el ministerio. Pensé que sería cuestión de solo unos pocos años antes de comenzar a hacer lo que había visto en mi visión. Me equivoqué. Me tomó 20 años comenzar a hablarle a las multitudes que había visto en mi visión. ¿Qué estaba haciendo mientras tanto? Me estaba preparando: tomando clases, permitiendo que Dios desarrollara mi carácter, observando a otros oradores para ver qué funcionaba y qué no funcionaba al hablar ante una audiencia, y confiando en Dios. Hoy, tengo más invitaciones para hablar de las que puedo manejar y mi trabajo en las redes sociales me pone ante miles de personas todos los días.

Mi visión involucraba el ministerio, pero Dios no está limitado a dar visiones a los jóvenes sobre el ministerio. Puede mostrarles su futuro en la medicina, el deporte o cualquier otro campo de esfuerzo humano. Tu trabajo es aceptar y nutrir la visión; Su trabajo es abrir las puertas para que todos podamos atravesarlas.

ESTUDIO 14
DONDE SEA

OBJETIVO DEL ESTUDIO

En este capítulo, aprenderás que Dios no solo es el Dios de tu propósito, sino también el Dios que determina dónde cumplirás mejor tu propósito.

ENFOQUE BÍBLICO

La historia de José se encuentra en Génesis, capítulos 37 al 50, y está basada en la fascinante historia de Jacob y sus hijos, quienes nacieron de cuatro mujeres diferentes. José sabía cuál era su propósito en la vida porque Dios se lo reveló en varios sueños. Sin embargo, no sabía que tendría que ir lejos de casa y atravesar una traición dolorosa para cumplir su propósito.

- Los hermanos de José lo vendieron a los ismaelitas por veinte piezas de plata, y fue llevado a Egipto: Génesis 37:28

- Muchos años después, José vio que sus sueños se hicieron realidad cuando sus hermanos llegaron y se inclinaron ante él: Génesis 42:5-9

- Los hermanos de José se inclinaron ante él 22 años después de que él tuvo sus sueños, cumpliendo finalmente el propósito de Dios en Egipto: Génesis 42:6-9

Dios no solo es el Dios del propósito, sino que determina la geografía donde se llevará a cabo ese propósito.

John W. Stanko

VISIÓN GENERAL

En nuestra mirada final a la vida de José en Génesis, aprendemos una lección importante sobre el propósito y la fe. Los hermanos de José lo vendieron a mercaderes madianitas por veinte piezas de plata, y fue llevado a Egipto como esclavo (Génesis 37:28). Aunque José tenía sueños en los que lideraría a su familia, no sabía cómo ni dónde sucedería. Pasaron 22 años para que sus sueños se hicieran realidad, y esto sucedió en Egipto, lejos de su tierra natal. Dios controla no solo el propósito que cumplirás, sino también dónde lo harás, y a veces eso significa ir lejos de casa y aprender cosas nuevas. Al igual que José, debes tener fe en que Dios se encargará de los detalles y te guiará. Para prepararte, puedes estudiar idiomas, culturas e historias, o incluso viajar como estudiante de intercambio. Confía en que Dios es quien supervisa tu propósito y prepárate para seguir Su guía, tal como lo hizo José.

PUNTOS DE CONVERSACIÓN

1. Los hermanos de José lo vendieron a mercaderes por veinte piezas de plata, y fue llevado a Egipto como esclavo (Génesis 37:28).

2. Los hermanos de José lo odiaban y planearon matarlo, pero decidieron venderlo en su lugar para ganar dinero. Luego, mintieron a su padre sobre lo que le había sucedido a su hermano.

3. Los sueños de José mostraban que algún día lideraría a su familia, pero él no sabía cuándo, dónde ni cómo sucedería.

4. 4. Los sueños de José se hicieron realidad 22 años después en Egipto, no en su tierra natal.

5. Dios controla no solo tu propósito, sino también dónde lo cumplirás, y esto podría significar ir lejos de casa, donde tendrás que aprender nuevas costumbres y formas de vida.

6. Debes tener fe, como José, en que Dios se encargará de los detalles para que tu propósito se cumpla, sin importar dónde estés o a dónde necesites ir. Tú te preparas y Dios se encargará de guiarte a donde debes estar.

7. Para prepararte para tu propósito, estudia idiomas, culturas e historia, o incluso considera viajar al extranjero como estudiante de intercambio. Confía en Dios y prepárate para seguir Su guía, tal como lo hizo José.

PREGUNTAS DE DISCUSIÓN

1. ¿Qué planearon hacer inicialmente los hermanos de José con él, y por qué cambiaron de opinión?

2. ¿Por cuánto vendieron los hermanos de José a los mercaderes, y a quién se lo vendieron?

3. ¿A dónde fue llevado José después de ser vendido por sus hermanos? ¿Qué tan lejos estaba de su hogar?
4. ¿Cuáles fueron los dos sueños que tuvo José, y qué confirmaron acerca de su futuro?
5. ¿Cuánto tiempo después de los sueños de José vinieron sus hermanos y se inclinaron ante él?
6. ¿Cómo se cumplió el sueño de José de una manera que él no esperaba?
7. ¿Por qué crees que José tuvo que ir a Egipto para cumplir su propósito? ¿Qué estaba trabajando Dios en su vida?
8. ¿Qué similitudes y diferencias existen entre las historias de José y David en cuanto a dónde cumplieron sus propósitos y cómo Dios los preparó para hacerlo?
9. ¿Qué tipo de preparaciones podrías necesitar hacer para cumplir tu propósito? ¿Qué puedes comenzar a hacer hoy y todos los días a partir de ahora?
10. ¿Cómo puede el estudio de otras culturas e idiomas ayudarte a prepararte para tu futuro propósito? ¿Estás dispuesto a ir a donde Dios quiera que vayas? ¿A dónde sueñas ir algún día?

PENSAMIENTO SOBRE EL PROPÓSITO

Una vez conocí a un hombre que estaba enojado. Cuando le pregunté la razón de su enojo, me contó esta historia: "Acabo de regresar de un viaje misionero a la República Dominicana. Me encanta cantar y canté allí todos los días. A la gente le encantó y a mí también."

Le respondí: "Eso es genial. ¿Por qué estás enojado por eso?"

"No estoy enojado por eso. Estoy enojado porque cuando vuelvo a casa, mi iglesia no me deja cantar. ¿Qué debería hacer?"

Le dije: "Probablemente no te va a gustar mi respuesta, pero Dios te está mostrando dónde quiere que cantes. Si recibes una ovación de pie en la RD, pero luego vuelves a casa y nadie te presta atención a ti ni a tu don, entonces está claro que Dios quiere que cantes lejos de casa."

Tenía razón. No le gustó mi respuesta porque quería decidir dónde se cumpliría su propósito. Sabía que sería un trabajo duro e incómodo ir a otro lugar para cantar en lugar de hacerlo cerca de casa, ¡y quería hacerlo en casa!

Esto no significaba que tuviera que mudarse a la RD. Solo significaba que Dios estaba tratando de expandir su mundo para que viera que había muchos cantantes en su ciudad natal, pero no muchos donde había ido. Dios había preparado una audiencia para él, pero no le gustaba dónde estaba. Lo mismo puede ser cierto para los jóvenes con los que trabajas.

ESTUDIO 15
MARÍA

OBJETIVO DEL ESTUDIO

En este capítulo, aprenderás que Dios revelará tu propósito, pero no todos los detalles de cómo, cuándo y dónde se revelará. Todo eso vendrá a medida que camines en obediencia y fe, confiando en Él.

ENFOQUE BÍBLICO

El propósito de María, la madre de Jesús, es mucho más que la historia de Navidad. Es la vida de una mujer cuya dedicación fue ver el propósito de su hijo cumplido al estar presente en los principales eventos de Su vida y ministerio:

- El ángel Gabriel se le apareció a María para anunciar que concebiría y daría a luz a Jesús a través del poder del Espíritu Santo: Lucas 1:26-38

- Isabel, la prima de María, proclamó que María fue bendecida por creer que el Señor cumpliría Sus promesas: Lucas 1:45

- María fue testigo de la visita de los pastores después del nacimiento de Jesús: Lucas 2:1-20

- Los magos vinieron a adorar a Jesús en el hogar de María: Mateo 2:1-12

- María estuvo presente cuando Jesús, a los doce años, hablaba con los ancianos en el templo: Lucas 2:41-52

- María estuvo en la boda en Caná cuando Jesús realizó Su primer milagro: Juan 2:1-11

- María estuvo al pie de la cruz cuando Jesús fue crucificado: Juan 19:25-27

- María estaba con los discípulos orando después de la ascensión de Jesús y antes de que se derramara el Espíritu Santo en el día de Pentecostés: Hechos 1:14

El propósito de María comenzó cuando era adolescente, pero se extendió durante toda su vida. Haríamos bien en considerar su ejemplo como una mujer de fe y propósito.

VISIÓN GENERAL

María, la madre de Jesús, era una adolescente cuando dio a luz a Jesús, pero eso fue solo el comienzo de su propósito. Todo comenzó cuando el ángel Gabriel la visitó y le anunció que concebiría por el Espíritu Santo y daría a luz a un hijo llamado Jesús, quien sería el Hijo de Dios y tendría un Reino eterno. Aunque estaba confundida sobre cómo podría suceder esto, María respondió con fe y aceptó el plan de Dios. El propósito de María fue mucho más allá de dar a luz; jugó un papel crucial en la vida de Jesús, creyendo en las promesas de Dios y apoyando Su misión.

Al igual que Dios tenía un propósito para María, Él tiene uno para ti también. Aunque los detalles puedan parecer poco claros, confía en que Dios te ayudará a cumplirlo a medida que te prepares y tomes pasos hacia tus metas. La fe y dedicación de María son un ejemplo que puedes seguir en tu propio viaje para encontrar y cumplir tu propósito.

PUNTOS DE CONVERSACIÓN

1. María era una adolescente cuando dio a luz a Jesús, lo que muestra que los jóvenes pueden tener un propósito significativo.
2. El ángel Gabriel le anunció a María que concebiría a Jesús a través del Espíritu Santo, aunque era virgen (Lucas 1:26-38).
3. María mostró una gran fe al aceptar el plan de Dios sin entenderlo completamente, diciendo: "Que se cumpla tu palabra en mí."
4. El propósito de María no fue solo dar a luz a Jesús, sino apoyar y creer en Su misión a lo largo de Su vida.
5. María estuvo presente en momentos clave de la vida de Jesús, desde Su nacimiento hasta Su crucifixión y el día de Pentecostés.
6. Si Dios te muestra un propósito para tu vida, también te ayudará a cumplirlo, pero debes tomar pasos para prepararte y aprender.
7. Tu papel no es solo comenzar tu propósito, sino verlo hasta el final, al igual que María lo hizo con la misión de Jesús.

PREGUNTAS DE DISCUSIÓN

1. ¿Cuántos años crees que tenía María cuando dio a luz a Jesús?
2. ¿A quién envió Dios a Nazaret para entregar el mensaje a María?
3. ¿Cuál fue la reacción de María al saludo del ángel, y qué le dijo el ángel para tranquilizarla?
4. ¿Cómo explicó el ángel a María que concebiría a Jesús?
5. ¿Qué pregunta le hizo María al ángel, y cuál fue su respuesta? ¿Qué preguntas tienes tú para Dios sobre tu situación actual y tu futuro en Su Reino?
6. ¿Qué dijo Isabel, la prima de María, que definió el propósito de María?
7. ¿Por qué el propósito de María fue más que simplemente dar a luz a Jesús?
8. ¿Cuáles fueron algunos de los eventos significativos en la vida de Jesús que María presenció?
9. ¿Cómo puedes aplicar la fe de María y su respuesta a las promesas de Dios en tu propia vida?
10. ¿Qué deberías hacer después de que Dios te muestre tu propósito, según esta lección?

PENSAMIENTO SOBRE EL PROPÓSITO

La historia de María a menudo se pasa por alto porque parte de la iglesia la ha glorificado. El resto de la iglesia ha reaccionado a eso y, por lo tanto, ha ignorado en gran medida su vida, excepto en Navidad. Independientemente de la afiliación cristiana, la vida de María es un buen ejemplo de cómo Dios puede elegir a alguien en su adolescencia para una tarea muy importante, que no terminó cuando dio a luz a Jesús.

A veces, las mujeres piensan que su propósito es dar a luz y criar a sus hijos. Aunque eso es un papel importante, es solo eso: un papel. No es permanente en la mayoría de los casos porque el propósito de uno es para toda la vida. La forma en que alguien cumple su propósito puede cambiar, pero el propósito en sí no. Por ejemplo, si su propósito es enseñar, pueden enseñar a diferentes grupos de edad durante su carrera, o convertirse en administradores educativos, autores o conferencistas itinerantes. El propósito de enseñar sigue siendo el mismo, pero el lugar y la forma en que se realiza varían. Ser padre eventualmente disminuye a ser un apoyo y quizás ser abuelo. Por eso no es un propósito, es un rol.

En el caso de María, su rol como madre fue único en que recordó y confió en Dios por las promesas que Él hizo para su hijo durante toda su vida. Y luego, después de que Jesús ascendió, compartió sus historias, probablemente con Lucas, quien luego registró lo que María le contó en su evangelio. Así que María sigue cumpliendo su propósito hoy al asegurarse de que el legado de su hijo esté disponible para que el Espíritu lo use en las vidas de hombres y mujeres.

ESTUDIO 16
"CÁLLALOS"

OBJETIVO DEL ESTUDIO

En este capítulo, aprenderás que los niños pueden y reconocen lo que Dios está haciendo, mientras que a veces los adultos no. Su respuesta fue alabar a Dios por lo que vieron que Él estaba haciendo.

ENFOQUE BÍBLICO

Dios se revela tanto a personas mayores como jóvenes, y la respuesta correcta es alabanza, no duda o indiferencia. En esta historia, vemos que Jesús estaba haciendo obras buenas, las cuales los líderes adultos no aceptaban, pero que los niños reconocían como obras de Dios. Aquí está un resumen de lo que Jesús dijo sobre los jóvenes y su papel y actitud en el Reino:

- Los ciegos y cojos vinieron a Jesús en el Templo, y Él los sanó. Los niños lo alababan, diciendo: "¡Hosanna al Hijo de David!", lo que enfureció a los líderes religiosos. Jesús respondió citando el Salmo 8, afirmando que Dios ha suscitado alabanza de labios de niños: Mateo 21:14-16

- El versículo que Jesús citó en respuesta a los líderes religiosos, que dice: "De la boca de los niños y de los que maman, fundaste la fortaleza": Salmo 8:2

- Jesús alabó a Dios por revelar verdades a los niños pequeños y ocultarlas de los sabios y entendidos: Mateo 11:25-26

- Jesús dijo que aquellos que no reciben el reino de Dios como un niño no entrarán en él: Mateo 18:2-4

- Jesús dijo a sus discípulos que permitieran que los niños vinieran a Él y no los impidieran, porque el reino de los cielos pertenece a ellos: Mateo 19:14

- Jesús se regocijó en el Espíritu Santo y agradeció al Padre por ocultar cosas a los sabios y entendidos y revelarlas a los niños pequeños: Lucas 10:21

- Jesús dio la bienvenida a los niños y dijo que cualquiera que no reciba el reino de Dios como un niño nunca entrará en él. Él les dio la bienvenida a los niños y los bendijo: Marcos 10:13-16

Es importante que los adultos afirmen lo que los jóvenes ven y saben sobre Dios y no sofocar su crecimiento espiritual.

VISIÓN GENERAL

Nadie es demasiado joven para encontrar y cumplir su propósito dado por Dios. En este capítulo, leemos que Jesús estaba sanando a los ciegos y cojos, y los niños lo alababan, gritando "¡Hosanna al Hijo de David!". Los líderes religiosos estaban molestos y le pidieron a Jesús que detuviera a los niños. Jesús respondió citando el Salmo 8, diciendo: "De la boca de los niños y de los que maman, fundaste la fortaleza" (ver Mateo 21:14-16). Jesús explicó que Dios eligió revelarse a los niños y jóvenes, ocultando esa visión a los sabios y entendidos (Mateo 11:25-26). Los líderes religiosos, que debieron haber estado alabando a Dios, estaban ofendidos, pero los niños vieron las obras de Dios y lo alabaron.

Esto muestra que los jóvenes pueden y comprenden la voluntad de Dios, a menudo viendo lo que sus mayores pueden pasar por alto. Por lo tanto, es importante que las personas mayores escuchen y guíen a los jóvenes sin sofocar su entusiasmo por Dios. Si quieres saber lo que Dios está haciendo, busca a un joven con un corazón para Dios y sé inspirado por su fe. Si eres joven, probablemente Dios te está hablando ahora mismo.

PUNTOS DE CONVERSACIÓN

1. 1. El tema de este libro *Nunca Demasiado Joven Para Un Propósito* es que nadie es demasiado joven para encontrar y cumplir su propósito dado por Dios.
2. En este capítulo, Jesús respondió a los líderes religiosos que estaban molestos por los niños que lo alababan en el Templo (ver Mateo 21:14-16).
3. Jesús estaba sanando a los ciegos y cojos, y los niños lo alababan gritando "¡Hosanna al Hijo de David!".

4. Los líderes religiosos se ofendieron y le pidieron a Jesús que detuviera a los niños, pero Jesús citó el Salmo 8, diciendo: "De la boca de los niños y de los que maman, fundaste la fortaleza".

5. Jesús explicó que Dios se revela a los niños y jóvenes, incluso ocultando estas cosas a los sabios y entendidos (Mateo 11:25-26).

6. Los jóvenes pueden comprender y conocer la voluntad de Dios para sus vidas y para la dirección de la iglesia, a menudo viendo lo que sus mayores pueden pasar por alto.

7. Las personas mayores deben escuchar y ayudar a los jóvenes a desarrollarse espiritualmente, sin sofocar su entusiasmo por Dios, reconociendo la fuerza y pureza de su fe.

PREGUNTAS DE DISCUSIÓN

1. 1. ¿Cuál es el tema principal de este libro con respecto a los jóvenes y su propósito?
2. 2. ¿Qué hizo Jesús en el Templo que provocó la alabanza de los niños?
3. 3. ¿Cómo reaccionaron los líderes religiosos ante la alabanza de los niños en los patios del Templo?
4. 4. ¿Qué Salmo citó Jesús en respuesta a la crítica de los líderes religiosos? Léelo en su totalidad.
5. 5. Según Mateo 11:25-26, ¿por qué Dios revela Su propósito a los niños y jóvenes?
6. 6. ¿Por qué estaban los niños alabando a Dios en el Templo, según el pasaje? ¿Qué has presenciado que puedas alabar a Dios por lo que ha hecho?
7. 7. ¿Cómo reaccionaron los ancianos ante los mismos eventos que llevaron a los niños a alabar a Dios?
8. 8. ¿Qué lección enfatiza este capítulo sobre los jóvenes y su comprensión de Dios?
9. 9. ¿Cómo deben responder las personas mayores a los jóvenes que tienen un corazón para Dios?
10. 10. ¿Qué puedes aprender de la negativa de Jesús a callar a los niños en Mateo 21? ¿Qué diferencia hará esto en tu caminar con el Señor?

PENSAMIENTO SOBRE EL PROPÓSITO

Una vez, estaba junto a un pastor cuando uno de los jóvenes de su iglesia se acercó a él y le dijo: "Creo que Dios quiere que ayune durante cinco días." El pastor miró al joven y le dijo: "Eres demasiado joven" y lo convenció de no hacer lo que pensaba que había oído. Como pastor, mi enfoque nunca fue sofocar lo que un joven sentía que estaba oyendo de Dios.

He descubierto que los jóvenes quieren conocer y hablar sobre el propósito, pero muy a menudo, las personas mayores y bien intencionadas les hablan sobre su carrera. Además, todas las iglesias quieren alcanzar a la "próxima generación," pero a menudo tratan de imponerles los estilos de adoración de la iglesia más antiguos. Tu trabajo como entrenador y maestro de propósito es ver la vida a través de sus ojos y no insistir en que la vean a través de los tuyos.

ESTUDIO 17
"¡DIOS PUEDE HACERLO!"

OBJETIVO DEL ESTUDIO

En este capítulo, verás que los jóvenes pueden tener consejo e intuición espiritual que ofrecer a los adultos en sus vidas.

ENFOQUE BÍBLICO

Israel estaba una vez más en guerra con sus enemigos, liderados por un hombre llamado Naamán. Aquí están los aspectos importantes de la historia:

- Una joven israelita, capturada durante una incursión siria, se convirtió en sirvienta de la esposa de Naamán. Ella le dijo a su ama que el profeta en Samaria, Eliseo, podría curar la lepra de Naamán: 2 Reyes 5:2-4.

- Naamán fue al rey de Israel con una carta del rey de Siria, pidiendo una cura para su lepra. El rey de Israel se angustió, pensando que esta era una petición imposible para provocar un conflicto, mostrando su falta de fe y desconocimiento del poder de Eliseo: 2 Reyes 5:5-7.

- El profeta Eliseo envió un mensajero a Naamán, instruyéndolo a que se lavara siete veces en el río Jordán para ser sanado. Inicialmente ofendido, Naamán escuchó a sus sirvientes, siguió las instrucciones y fue sanado, demostrando el poder de la fe y la obediencia: 2 Reyes 5:10-14.

- Después de ser sanado, Naamán regresó a Eliseo, reconoció al Dios de Israel y ofreció regalos. Eliseo rechazó los regalos, mostrando que los milagros de Dios no están a la venta: 2 Reyes 5:15-19.

VISIÓN GENERAL

En este capítulo, vemos cómo Dios utilizó a una joven en la historia de Naamán, un héroe militar sirio que contrajo la temida enfermedad llamada lepra. Los sirios habían capturado a una joven israelita que se convirtió en sirvienta de la esposa de Naamán. Esta joven le dijo a su ama que, si Naamán iba al profeta Eliseo en Israel, sería sanado. ¡La joven tenía fe!

Naamán le creyó, pero el rey de Israel pensó que era una trampa. A pesar de esto, Naamán visitó a Eliseo, quien le dijo que se sumergiera en el río para ser sanado. Al principio, Naamán fue escéptico y estuvo indignado, pero una vez más, sus jóvenes sirvientes lo convencieron de intentarlo, y fue curado. Esta historia muestra que la fe no depende de la edad; depende de quien confía en Dios. Incluso los jóvenes pueden tener una fe fuerte y comprender el poder de Dios, y pueden aconsejar a otros a hacer lo mismo.

PUNTOS DE CONVERSACIÓN

1. Una joven israelita fue capturada por los sirios y se convirtió en sirvienta de la esposa de Naamán. La joven creía que el profeta Eliseo podía sanar la lepra de Naamán (2 Reyes 5:2-4).

2. Naamán, un héroe militar sirio, tenía una enfermedad grave e incurable llamada lepra, que hacía que su carne se deteriorara.

3. A pesar de su edad, la joven le dijo con confianza a su ama acerca del poder de Eliseo para sanar a Naamán, demostrando su fuerte fe en el poder de Dios.

4. El rey de Israel dudaba de las intenciones de Naamán y pensó que la solicitud era una trampa para causar problemas, ya que el rey no creía que tal curación fuera posible (2 Reyes 5:5-7).

5. Eliseo, el profeta, ni siquiera se molestó en reunirse personalmente con Naamán. En su lugar, envió un mensaje para que se sumergiera en el río Jordán siete veces para ser sanado.

6. Al principio, Naamán fue reacio y se ofendió, pensando que esto estaba por debajo de él, pero sus jóvenes sirvientes lo convencieron de seguir las instrucciones de Eliseo. Naamán se sumergió en el río y fue sanado.

7. La historia enfatiza que la fe no está limitada por la edad. La fe de la joven sirvienta en el poder de Dios llevó a la sanación de Naamán. Incluso los jóvenes consejeros de Naamán le dieron buenos consejos. Los jóvenes pueden tener una fe fuerte e impactar significativamente en el trabajo

de Dios, y los adultos harían bien en seguir su ejemplo y consejo.

PREGUNTAS DE DISCUSIÓN

1. ¿Quién era la joven capturada por los sirios y cuál era su papel en la casa de Naamán?
2. ¿De qué enfermedad sufría Naamán y por qué se consideraba terrible e incurable? Haz una investigación sobre la enfermedad.
3. ¿Qué sugirió la joven a la esposa de Naamán respecto a la enfermedad de Naamán?
4. ¿Cómo reaccionó Naamán a la sugerencia de la joven y qué hizo después?
5. ¿Cómo respondió el rey de Israel a la solicitud de Naamán de sanación y por qué?
6. ¿Qué le instruyó el profeta Eliseo a Naamán para que fuera sanado, y cuál fue la reacción inicial de Naamán?
7. ¿Cómo convencieron los sirvientes de Naamán para que siguiera las instrucciones de Eliseo y cuál fue el resultado?
8. ¿Qué lección enseña la historia de la joven y Naamán sobre la fe y la edad?
9. ¿Cómo puede la fe de los jóvenes impactar las vidas de quienes los rodean, según la historia?
10. ¿Por qué es importante que tanto los jóvenes como los mayores se escuchen y respeten la fe y las ideas entre si?

PENSAMIENTO SOBRE EL PROPÓSITO

Cuando nuestros dos hijos eran pequeños, como familia queríamos una casa nueva. Era una empresa de fe, ya que no teníamos el dinero para una casa más grande, pero estábamos confiando en el Señor para Su provisión. Como la fe sin acción es inútil, decidimos ir a ver algunas casas con la ayuda de un agente inmobiliario.

La primera casa que visitamos era hermosa, pero estaba muy por encima de lo que pensábamos que podíamos pagar. Sin embargo, tan pronto como entramos, nuestro hijo de siete años comenzó a declarar: "Bendice al Señor, oh alma mía," y lo hizo por toda la casa. Decidimos no visitar más casas porque habíamos encontrado nuestro hogar. A través de una serie de eventos milagrosos, pudimos comprar esa casa.

Después de mudarnos, alguien nos regaló una pieza de arte mural con ese versículo como recordatorio del evento en el que Dios usó a nuestro hijo pequeño para confirmar Su voluntad para nuestra familia.

ESTUDIO 18
EL JOVEN JESÚS

OBJETIVO DEL ESTUDIO

En este capítulo, verás que Jesús, a la edad de doce años, ya conocía Su propósito, que era ocuparse de los asuntos de Su Padre.

ENFOQUE BÍBLICO

Es fácil pensar en Jesús como alguien superhumano, no realmente como nosotros, debido a Su naturaleza divina. Sin embargo, Jesús compartió nuestra naturaleza humana en todo, excepto en el pecado. Por lo tanto, la historia de Su separación de Su familia para pasar tiempo en el Templo cuestionando a los líderes es significativa.

- Jesús compartió nuestra naturaleza humana y se hizo como nosotros en todo, excepto sin pecado: Hebreos 2:14.

- Después del festival, Jesús se quedó en Jerusalén, sentado entre los maestros, escuchándolos y haciéndoles preguntas. Todos estaban asombrados de Su entendimiento y respuestas: Lucas 2:43-47.

- Los padres de Jesús quedaron asombrados cuando lo encontraron en el templo, y su madre le preguntó por qué les había hecho eso: Lucas 2:48.

- Jesús respondió que tenía que estar en la casa de Su Padre, pero Sus padres no entendieron Su respuesta: Lucas 2:49-50.

Aquí hay algunos versículos sobre las recompensas de buscar a Dios. Nota que no hay límite de edad en estas promesas.

"Me buscarán y me encontrarán, cuando me busquen de todo corazón." – Jeremías 29:13.

"Pidan, y se les dará; busquen, y encontrarán; llamen, y se les abrirá": Mateo 7:7.

"¿Cómo puede el joven mantener limpio su camino? Viviendo conforme a tu palabra." – Salmo 119:9.

"Que nadie te menosprecie por ser joven. Al contrario, que los creyentes vean en ti un ejemplo a seguir en la manera de hablar, en la conducta, en amor, fe y pureza." – 1 Timoteo 4:12.

"A los que me aman, les correspondo; a los que me buscan, me doy a conocer." – Proverbios 8:17.

"Acuérdate de tu Creador en los días de tu juventud, antes que lleguen los días malos, y vengan los años en los que digas: No encuentro en ellos placer alguno." – Eclesiastés 12:1.

"Tu palabra es una lámpara a mis pies; es una luz en mi sendero." – Salmo 119:105.

VISIÓN GENERAL

A menudo olvidamos que Jesús fue joven, al igual que cada uno de nosotros. Hebreos 2:14 nos dice que Jesús compartió nuestra naturaleza humana. Creció experimentando la vida como nosotros, pero sin pecado. El evangelio de Lucas comparte una historia cuando Jesús tenía alrededor de 12 años. Después de un festival, Jesús se quedó en Jerusalén, escuchando y haciendo preguntas a los maestros en el Templo.

Sus padres, sin saber dónde estaba, lo buscaron durante tres días. Cuando lo encontraron, su madre le preguntó por qué se había quedado atrás. Jesús respondió que tenía que estar en la casa de Su Padre, pero ellos no entendieron. Esta historia muestra que nunca eres demasiado joven para buscar la voluntad de Dios. Jesús pasó tiempo con adultos que conocían la Biblia y no tuvo miedo de seguir Su llamado. Al igual que Jesús, tú también puedes buscar la voluntad de Dios para tu vida, sin importar tu edad. Haz de Dios y Su voluntad tu prioridad, y lo encontrarás a Él y Su voluntad.

PUNTOS DE CONVERSACIÓN

1. Jesús era como nosotros en todo, excepto que no podía pecar (ver Hebreos 2:14).

2. Cuando Jesús tenía alrededor de 12 años, se quedó en Jerusalén después de un festival mientras Sus padres viajaban de regreso a casa sin saberlo.
3. Los padres de Jesús lo encontraron en el templo después de tres días, escuchando y haciendo preguntas a los maestros (Lucas 2:43-47).
4. El entendimiento y respuestas de Jesús asombraron a todos en el templo.
5. Jesús les dijo a Sus preocupados padres que tenía que estar en la casa de Su Padre, aunque no lo entendieron (Lucas 2:48-50).
6. La historia muestra que nunca eres demasiado joven para buscar la voluntad de Dios y perseguir tus intereses, ya sea en el ministerio o en otros campos.
7. No dejes que nadie te desanime en tu fe o llamado debido a tu edad. Dios puede revelar Su voluntad a cualquier persona, joven o mayor.

PREGUNTAS DE DISCUSIÓN

1. ¿Qué dice Hebreos 2:14 sobre la naturaleza de Jesús y cómo era como nosotros? ¿En qué no es como nosotros?
2. ¿Qué hizo Jesús después de que terminó el festival mientras Sus padres regresaban a casa?
3. ¿Cuánto tiempo tardaron en encontrar a Jesús, y dónde lo encontraron?
4. ¿Qué estaba haciendo Jesús en los patios del templo que asombró a todos los que lo oían?
5. ¿Cómo respondió Jesús cuando su madre le preguntó por qué se había quedado atrás en Jerusalén?
6. ¿Qué lección pueden aprender los jóvenes de las acciones de Jesús en esta historia?
7. ¿Por qué es importante incluir a tus padres en tus planes cuando buscas la voluntad de Dios?
8. ¿Qué sugiere la historia sobre los jóvenes que persiguen sus intereses y llamados?
9. ¿Cómo puedes hacer de la voluntad de Dios la prioridad número uno en tu vida, según el pasaje de Lucas?
10. ¿Qué deberías hacer si otros piensan que eres demasiado joven para entender o seguir la voluntad de Dios?

PENSAMIENTO SOBRE EL PROPÓSITO

Cuando nuestros hijos eran pequeños, asistían a escuelas cristianas y parecía que las escuelas siempre estaban recaudando fondos, generalmente vendiendo cosas como dulces, bombillas o galletas. Las escuelas solían dar un premio al niño que vendiera más en cada clase, y nuestra hija casi siempre ganaba. ¡Era una buena vendedora entonces y hoy, con hijos propios, tiene un trabajo y adivina qué es! ¡Es vendedora!

El punto es que incluso cuando era joven, ella nos mostraba a nosotros y a otros cuál era su propósito. A los quince años, tenía un trabajo vendiendo los servicios de una empresa por teléfono y ganó el premio como la mejor vendedora. Se especializó en marketing cuando asistió a la universidad, consiguió un trabajo de ventas el día después de graduarse y ha estado en ventas durante los últimos 25 años, sin señales de que vaya a detenerse.

ESTUDIO 19
FE EN TIEMPOS DIFÍCILES

OBJETIVO DEL ESTUDIO

En este capítulo, aprenderás que Dios a menudo inicia cambios que, al principio, no entiendes, pero que siempre están diseñados para ayudarte a encontrar y cumplir tu propósito eventualmente.

ENFOQUE BÍBLICO

Tal vez quieras leer los primeros seis capítulos de Daniel antes de comenzar. Empecemos nuestro estudio de Daniel donde debemos—al principio:

- El rey ordenó a Aspenaz que seleccionara jóvenes de los exiliados israelitas que fueran guapos, inteligentes, bien entrenados, rápidos para aprender y sin defectos físicos para servir en la corte real: Daniel 1:3-4.

- El rey ordenó que estos jóvenes recibieran la misma comida y vino que la corte real y que se sometieran a tres años de entrenamiento antes de presentarse ante el rey: Daniel 1:5.

- Entre los elegidos estaban Daniel, Hananías, Misael y Azarías de la tribu de Judá, a quienes se les dieron nuevos nombres: Beltsasar, Sadrac, Mesac y Abednego: Daniel 1:6-7.

- Daniel decidió no contaminarse con la comida y el vino del rey, y le pidió permiso a Aspenaz para abstenerse: Daniel 1:8.

- Dios hizo que el oficial mostrara favor y simpatía hacia Daniel: Daniel 1:9.

- "A estos cuatro jóvenes Dios los dotó de sabiduría e inteligencia para entender toda clase de literatura y ciencia. Además, Daniel podía entender toda visión y todo sueño.": Daniel 1:17.

- "El rey no encontró a nadie igual a Daniel, Hananías, Misael y Azarías, y ellos entraron al servicio del rey. En todo asunto de sabiduría y comprensión, el rey los halló diez veces mejores que todos los magos y encantadores de su reino" – Daniel 1:19-20.

VISIÓN GENERAL

En este capítulo, aprendemos sobre Daniel, otro joven en la Biblia con un propósito dado por Dios. Cuando el rey de Babilonia ordenó a su oficial seleccionar jóvenes de los exiliados israelitas, Daniel fue elegido por su inteligencia, buen aspecto y capacidad para aprender rápidamente. Junto con sus amigos, fue llevado 600 millas desde su hogar a Babilonia, le dieron un nuevo nombre y lo entrenaron en una nueva cultura. A pesar de todos estos cambios, Daniel permaneció fiel a las leyes de Dios, negándose a comer la comida del rey que lo haría impuro. Debido a su fidelidad, Dios hizo que el oficial mostrara simpatía con Daniel. Esto muestra que, incluso frente a cambios drásticos, Daniel se mantuvo comprometido con Dios. Al igual que Daniel, debes estar preparado para los cambios y permanecer fiel a Dios mientras persigues tu propósito. De esta manera, puedes ser un ejemplo para los demás.

PUNTOS DE CONVERSACIÓN

1. El rey de Babilonia seleccionó a jóvenes, incluyendo a Daniel, para servir en la corte real debido a que eran guapos, inteligentes y rápidos para aprender.
2. Daniel y sus amigos fueron llevados 600 millas desde su hogar a Babilonia y fueron entrenados en una nueva cultura, idioma y costumbres.
3. A pesar de los cambios, Daniel decidió mantenerse fiel a las leyes de Dios y pidió permiso para no comer la comida y el vino real.
4. Dios hizo que el oficial a cargo de Daniel se mostrara simpático con él, permitiéndole seguir sus leyes dietéticas.
5. La fidelidad de Daniel a Dios, incluso en una tierra extranjera, muestra su dedicación a los caminos de Dios.
6. Dios tenía un propósito para Daniel en Babilonia, donde sirvió a los reyes durante toda su vida.
7. Al igual que Daniel, los jóvenes deben permanecer fieles al propósito de Dios y estar preparados para los cambios inesperados.

PREGUNTAS DE DISCUSIÓN

1. ¿Qué cualidades buscaba el rey en los jóvenes seleccionados de los exiliados israelitas? ¿Qué nos dice esto sobre Daniel?
2. ¿A qué distancia fue llevado Daniel desde su hogar a Babilonia? Busca un mapa y observa dónde estaba Daniel y a dónde fue llevado.
3. ¿Qué nuevas cosas tuvo que aprender y adaptarse Daniel en Babilonia?
4. ¿Por qué Daniel se negó a comer la comida y beber el vino de la corte real? ¿Qué sabes sobre lo que se ordenaba a los judíos comer en la Biblia?
5. ¿Cómo ayudó Dios a Daniel en su petición de evitar la comida real?
6. ¿Cuál fue el papel de Daniel en Babilonia y cuánto tiempo permaneció allí?
7. ¿Qué podemos aprender de Daniel sobre mantenerse fiel a los caminos de Dios?
8. ¿Por qué es importante estar preparado para cambios inesperados en la vida, según la historia de Daniel?
9. ¿Cómo puede el estudio de ejemplos de jóvenes como José, David y Daniel ayudarte en tu propio viaje de propósito? ¿Qué has aprendido de cada uno de ellos?
10. ¿Qué significa ser un joven con propósito y cómo puedes ser un buen modelo para los demás? ¿Qué precio deberías estar dispuesto a pagar?

PENSAMIENTO SOBRE EL PROPÓSITO

Daniel no tuvo que buscar su propósito; el propósito lo encontró a él. Lo mismo es cierto en mi vida. Mi propósito es "crear orden a partir del caos." Nunca tengo que buscar el caos para ordenar; siempre viene a mí. Casi siempre fui el líder en cualquier situación cuando crecía. Mis maestros venían a mí para organizar las cosas en nuestra escuela, y eso incluyó mi vida hasta la universidad. Y ahora que soy mayor, puedo mirar atrás y ver que nunca busqué un trabajo y nunca estuve sin uno. Siempre fui el que veía el potencial o el problema en lo que estaba delante de mí, y Dios me daba sabiduría para resolverlo y aprovecharlo al máximo.

Debes ayudar a los jóvenes a ver quiénes son, al igual que Daniel, que era inteligente, guapo y tenía una sabiduría poco común para un joven. Estaba destinado a liderar, pero fue en un lugar muy lejos de su hogar en Judea. Vimos que eso también fue cierto en la vida de José. Ahora me encuentro viajando por todo el mundo, haciendo lo mismo que siempre he hecho: encontrar caos y crear orden.

ESTUDIO 20
BUENOS ESTUDIANTES

OBJETIVO DEL ESTUDIO

En este capítulo, aprenderás que Dios da a las personas habilidades y aptitudes en todas las áreas de la vida, no solo en la iglesia, según Su propósito.

ENFOQUE BÍBLICO

Dios da a las personas habilidades y destrezas, pero luego depende de ellas desarrollar esos talentos. A menudo decimos que las personas son talentosas en aquellas áreas en las que sobresalen. Por lo tanto, podemos decir que Daniel y sus amigos eran jóvenes talentosos.

- Daniel resolvió no contaminarse con la comida y el vino del rey y le pidió al jefe oficial permiso para no contaminarse de esa manera: Daniel 1:8.

- Dios hizo que el oficial mostrara favor y simpatía hacia Daniel: Daniel 1:9.

- Dios les dio a los cuatro jóvenes conocimiento y habilidades en literatura y filosofía. También le dio a Daniel la capacidad de interpretar visiones y sueños: Daniel 1:17.

- "Al final del tiempo establecido por el rey para traerlos a su servicio, el oficial los presentó a Nabucodonosor. El rey no encontró a nadie igual a Daniel, Hananías, Misael y Azarías, por lo que entraron al servicio del rey" – Daniel 1:18-19.

- "En todo asunto de sabiduría y entendimiento sobre el que el rey los cuestionó, los encontró diez veces mejores que todos los magos y encantadores de su reino" – Daniel 1:20.

- Daniel permaneció en la corte real hasta el primer año del rey Ciro: Daniel 1:21.

- El rey colocó a Daniel en una posición alta y le otorgó muchos regalos. Lo hizo gobernador sobre toda la provincia de Babilonia y lo puso a cargo de todos los sabios: Daniel 2:48.

VISIÓN GENERAL

En el último capítulo, vimos cómo la vida de Daniel cambió cuando fue llevado a Babilonia como prisionero. Se negó a comer la comida de allí, permaneciendo fiel a las leyes dietéticas de Dios, y debido a su fidelidad, Dios le dio favor con su supervisor. Dios también le dio a Daniel y a sus tres amigos conocimiento y habilidades en literatura y filosofía, y a Daniel se le otorgó la capacidad especial de interpretar visiones y sueños. Después de tres años de estudio, impresionaron al rey Nabucodonosor más que a cualquier otro joven, y así se convirtieron en sus consejeros. Daniel probablemente tenía alrededor de 14 o 15 años cuando llegó a Babilonia y alrededor de 18 años cuando comenzó a asesorar al rey.

Esto muestra cómo Dios usó sus habilidades en materias no religiosas, como la literatura y la filosofía, para Sus propósitos. Si eres un buen estudiante al que le encanta leer y reflexionar profundamente sobre la vida, Dios usará esos talentos para ayudar a otros, tal como lo hizo con Daniel. Recuerda, Dios puede usar tus intereses y habilidades, sin importar cuán joven seas, y puede hacerlo dentro o fuera de la iglesia.

PUNTOS DE CONVERSACIÓN

1. Daniel se negó a comer la comida en Babilonia porque violaba las leyes dietéticas de Dios, y Dios recompensó su fidelidad dándole favor con su supervisor.

2. Dios le dio a Daniel y a sus tres amigos conocimiento y habilidades en literatura y filosofía, así como la capacidad de interpretar visiones y sueños.

3. Después de tres años de entrenamiento, Daniel, Hananías, Misael y Azarías impresionaron al rey Nabucodonosor más que a cualquier otra persona y se convirtieron en miembros de la corte del rey.

4. Daniel y sus amigos eran diez veces más sabios que cualquier adivino o mago en el reino, y Daniel sirvió en la corte real hasta que el emperador persa Ciro conquistó Babilonia.

5. Daniel probablemente tenía alrededor de 14 o 15 años cuando llegó a Babilonia y se convirtió en consejero del rey a los 18 años.
6. Dios le dio a Daniel y a sus amigos conocimiento y habilidades en materias no religiosas como la literatura y la filosofía, que estudiaron en las escuelas babilónicas.
7. La historia de Daniel muestra que Dios puede usar a los jóvenes y sus talentos, sin importar cuán jóvenes sean, para servir a Sus propósitos tanto ahora como en el futuro.

PREGUNTAS DE DISCUSIÓN

1. ¿Cuántos años tenía probablemente Daniel cuando llegó a Babilonia y cuántos años tenía después de sus tres años de estudio?
2. ¿Por qué Daniel se negó a comer la comida en Babilonia? ¿Crees que esto fue solo sobre la comida o fue sobre la obediencia de Daniel a la Ley de Dios dada a Israel?
3. ¿Cómo recompensó Dios a Daniel por su fidelidad?
4. ¿Qué habilidades especiales les dio Dios a Daniel y a sus tres amigos? ¿Cuáles son tus materias favoritas en la escuela y por qué? ¿Te ha dado Dios la capacidad de destacar en ellas?
5. ¿Cómo impresionaron Daniel y sus amigos al rey Nabucodonosor?
6. Además de los asuntos religiosos, ¿en qué eran expertos Daniel y sus amigos?
7. ¿Dónde estudiaron Daniel y sus amigos estas nuevas materias? ¿En su hogar en Judá o en Babilonia?
8. ¿Por qué es importante tomar en serio tus intereses y talentos, incluso cuando eres joven?
9. ¿Cómo puede Dios usar materias no espirituales, como la política o la sociología, para Sus propósitos?
10. ¿Qué lección puedes aprender del ejemplo de Daniel sobre encontrar y usar tu propósito de vida?

PENSAMIENTO SOBRE EL PROPÓSITO

Siempre fui un buen estudiante en la escuela y aún lo soy. Obtuve dos maestrías y dos doctorados en ministerio. Leo mucho y me he convertido en algo así como un experto en liderazgo y en la Biblia. ¿Quién me hizo con esa habilidad y deseo de aprender? Dios lo hizo, y he usado mi intelecto para servirle a Él y a Su pueblo. He enseñado a estudiantes a nivel universitario, y no solo en entornos cristianos. He dirigido talleres y seminarios en 50 países. Mientras escribo, tengo 74 años y he estado aprendiendo español durante los últimos dos años. He escrito docenas de libros. Escribo todo esto para mostrar que Dios me dio una buena mente y la he desarrollado lo mejor posible. Quieres ayudar a los jóvenes con los que trabajas a ver que cualquier habilidad que tengan es de Dios y, por lo tanto, es una forma en que Dios los guiará hacia Su voluntad mientras sean fieles en desarrollar las áreas en las que sobresalen.

ESTUDIO 21
GRAN FE

OBJETIVO DEL ESTUDIO

En este capítulo, aprenderás que Dios puede poner a un joven en una situación difícil que requerirá que actúe con la sabiduría y confianza de un adulto.

ENFOQUE BÍBLICO

Hemos visto cómo Daniel se trasladó a Babilonia y cómo se distinguió como un buen estudiante y líder. Luego, algo sucedió que hizo que Daniel madurara rápidamente, porque su vida y la de sus amigos dependían de ello.

- El rey tuvo un sueño que lo perturbó y exigió que los sabios lo interpretaran sin revelarles el sueño: Daniel 2:1-4.

- El rey les dijo a los sabios que si no le decían el sueño y su interpretación, serían ejecutados: Daniel 2:5-6.

- Los sabios respondieron que nadie podía interpretar el sueño a menos que el rey lo revelara, afirmando que era imposible para cualquiera conocer el sueño en sí: Daniel 2:10-11.

- El rey se enfureció y ordenó la ejecución de todos los sabios en Babilonia: Daniel 2:12-13.

- Cuando Arioc, el comandante de la guardia del rey, vino a ejecutar a los sabios, Daniel le habló con sabiduría y tacto y preguntó por qué el decreto era tan severo: Daniel 2:14-15.

- Daniel fue al rey y solicitó más tiempo para poder interpretar el sueño para él: Daniel 2:16.

- Daniel regresó a su casa y urgió a sus amigos, Ananías, Misael y Azarías, a orar y suplicar misericordia a Dios para revelar el misterio: Daniel 2:17-18.

- Durante la noche, el misterio fue revelado a Daniel en una visión, y Daniel alabó al Dios del cielo por la revelación: Daniel 2:19.

VISIÓN GENERAL

En las últimas lecciones, hemos visto cómo Daniel creció en Babilonia hasta formar parte de la corte del rey, donde fue consultado sobre asuntos importantes. Un día, el rey tuvo un sueño y exigió a sus sabios que lo interpretaran sin él tener que revelarlo. Cuando dijeron que era imposible, el rey ordenó su ejecución. Daniel, con gran fe, pidió al rey tiempo para buscar la ayuda de Dios. Él y sus amigos oraron fervientemente, y Dios le reveló el sueño y su interpretación a Daniel durante la noche. La fe y la sabiduría de Daniel no solo lo salvaron a él y a sus amigos, sino también a los demás sabios. A pesar de ser joven, Daniel sabía cómo hablar con sabiduría y tacto y tenía una fuerte creencia en el poder de la oración.

Esta historia muestra que Dios puede poner a los jóvenes en posiciones de liderazgo para representarlo y hacer grandes cosas si tienen fe. ¿Estás creyendo en Dios para lo imposible y orando con amigos que comparten tu fe? Sé como Daniel y cree en Dios para grandes cosas, sin importar tu edad.

PUNTOS DE CONVERSACIÓN

1. 1. Daniel creció en Babilonia y se convirtió en parte de la corte del rey, siendo consultado sobre asuntos importantes.
2. El rey tuvo un sueño y exigió a sus sabios que lo interpretaran sin revelarlo, lo cual dijeron que era imposible. Esto llevó al rey a ordenar su ejecución.
3. Cuando Daniel escuchó la orden de muerte del rey, habló con el oficial del rey con sabiduría y tacto, preguntando por qué el rey emitió un decreto tan severo.
4. Daniel pidió al rey tiempo para interpretar el sueño, luego regresó a su casa y explicó el asunto a sus amigos Ananías, Misael y Azarías, instándolos a orar por la misericordia de Dios.
5. Durante la noche, Dios le reveló el misterio del sueño a Daniel en una visión, y Daniel alabó a Dios por la revelación.

John W. Stanko

6. La fe y la sabiduría de Daniel salvaron muchas vidas, incluidas las de aquellos que no servían a su Dios, al interpretar correctamente el sueño del rey.
7. A pesar de ser joven, Daniel demostró que el éxito depende del tamaño de la fe, no de la edad. Dios puede usar a los jóvenes en roles de liderazgo si tienen fe y buscan Su guía.

PREGUNTAS DE DISCUSIÓN

1. ¿Qué posición ocupaba Daniel en la corte del rey en Babilonia?
2. ¿Qué condición inusual le puso el rey a sus sabios cuando les pidió ayuda?
3. ¿Cómo respondieron los sabios del rey a su demanda y cuál fue la reacción del rey? ¿Qué habrías dicho si te hubieran pedido hacer lo que el rey les pidió a ellos?
4. ¿Qué hizo Daniel cuando escuchó la orden del rey de ejecutar a los sabios?
5. ¿A quién pidió ayuda Daniel después de hablar con el oficial del rey, y qué les pidió que hicieran?
6. ¿Cómo demostró Daniel su fe y sabiduría al tratar con el oficial del rey y al interpretar el sueño?
7. ¿Cómo recibió Daniel la interpretación del sueño del rey? ¿Qué hizo después?
8. ¿Qué te enseña la historia de Daniel sobre la importancia de la fe y la oración?
9. ¿Cómo pueden los jóvenes como Daniel representar a Dios en sus puestos de liderazgo hoy? ¿Qué puedes hacer en las posiciones de liderazgo en las que te encuentras?
10. ¿Cuál es el mensaje principal de la historia de Daniel para los jóvenes que buscan hacer la voluntad de Dios? ¿Qué has aprendido hasta ahora?

PENSAMIENTO SOBRE EL PROPÓSITO

A menudo queremos que nuestros jóvenes vean el poder de Dios y lo conozcan como un Dios que hace milagros. Sin embargo, casi siempre limitamos esto a la iglesia, ignorando la necesidad de la ayuda e intervención de Dios en otras áreas de la vida. ¿Por qué no pueden algunos de nuestros jóvenes inventar algo o liderar en nuestras comunidades o escuelas? La única razón es que les hemos enseñado que son jóvenes y que deben esperar hasta ser mayores para hacerlo. Y con Internet, nuestros jóvenes pueden publicar, entretener, crear y enseñar a una audiencia mundial. ¿Qué pueden hacer ahora los jóvenes bajo tu cuidado con lo que Dios los ha hecho ser?

ESTUDIO 22
EL FUEGO

OBJETIVO DEL ESTUDIO

En este capítulo, aprenderás que los jóvenes pueden responder a circunstancias difíciles con valor, fe y sabiduría.

ENFOQUE BÍBLICO

El rey de Babilonia era un líder poderoso, que recompensaba generosamente el buen servicio y castigaba severamente la desobediencia y el fracaso. Cuando erigió una estatua de sí mismo y ordenó que todos se inclinaran y adoraran, creó un dilema para los amigos de Daniel (no se nos dice dónde estaba Daniel en esta historia).

- Los amigos de Daniel, Sadrac, Mesac y Abednego, se negaron a inclinarse ante la imagen de oro del rey y declararon su fe en Dios: Daniel 3:16-18.

- "El rey mandó entonces que se calentara el horno siete veces más de lo normal y que algunos de los soldados más fuertes de su ejército ataran a los tres jóvenes y los arrojaran al horno en llamas.": Daniel 3:19-21.

- "Tan apremiante fue la orden del rey, y tan caliente estaba el horno, que las llamas alcanzaron y mataron a los soldados que arrojaron a Sadrac, Mesac y Abednego, los cuales, atados de pies y manos, cayeron dentro del horno en llamas.": Daniel 3:22-23.

- "El rey se sorprendió al ver a cuatro hombres caminando por el fuego, ilesos y desatados, y reconoció al cuarto hombre como alguien que se parecía a un 'hijo de los dioses'" – Daniel 3:24-25.

- El rey se acercó a la abertura del horno ardiente y llamó a Sadrac, Mesac y Abednego, dirigiéndose a ellos como "siervos del Dios Altísimo": Daniel 3:26.

- "Los altos funcionarios se acercaron y vieron que el fuego no había dañado sus cuerpos, su cabello no estaba chamuscado, su ropa no estaba quemada, y no había olor a fuego en ellos" – Daniel 3:27.

- Santiago anima a los creyentes a considerarlo un gran gozo cuando enfrentan pruebas porque la prueba de la fe produce perseverancia, que lleva a la madurez y plenitud: Santiago 1:2-4.

VISIÓN GENERAL

En este capítulo, miramos a los amigos de Daniel, Sadrac, Mesac y Abednego, quienes fueron arrojados a un horno ardiente por negarse a adorar la imagen de oro del rey. A pesar de ser jóvenes, se enfrentaron al rey, diciendo que no se defenderían y que Dios podría salvarlos del horno. Pero incluso si no lo hacía, no adorarían el ídolo. El rey estaba tan furioso que mandó calentar el horno siete veces más de lo habitual y ordenó a sus sirvientes arrojar a los jóvenes al fuego. Milagrosamente, Dios los salvó, y salieron ilesos, con una cuarta figura apareciendo en las llamas con ellos.

Esta historia muestra que, incluso cuando sigues el propósito de Dios, enfrentarás momentos difíciles, pero Dios estará contigo, protegiéndote y fortaleciendo tu fe. Al igual que los amigos de Daniel, los jóvenes con propósito deben estar listos para defender al Señor mientras enfrentan críticas y oposición, sabiendo que Dios será fiel con ellos.

PUNTOS DE CONVERSACIÓN

1. Los amigos de Daniel, Sadrac, Mesac y Abednego, se negaron a inclinarse ante la imagen de oro del rey, diciéndole que no se defenderían y que su Dios podría salvarlos del horno ardiente.

2. El rey se enfureció por su negativa y ordenó que el horno se calentara siete veces más de lo habitual, y luego mandó arrojar a los tres jóvenes al fuego.

3. A pesar de ser jóvenes, probablemente en su adolescencia tardía, se enfrentaron al rey con confianza en que Dios podría salvarlos, pero decididos a mantenerse firmes, incluso si no lo hacía.

4. Dios los salvó, y el rey y su gente vieron no tres, sino cuatro figuras en el horno. La cuarta figura era Dios, protegiéndolos de las llamas.

5. Cuando los jóvenes salieron del horno, estaban ilesos. Su cabello no estaba chamuscado, su ropa no estaba quemada, y no había olor a humo en ellos.

6. Servir a Dios no significa que estás exento de tiempos difíciles. Dios quiere que conozcas su propósito para tu vida, y mientras lo persigues, enfrentarás desafíos que fortalecerán tu fe y demostrarán su protección.
7. Al igual que los amigos de Daniel, estate listo para defender a Dios, incluso cuando enfrentes críticas, malentendidos u oposición fuerte. Dios te está observando y será fiel contigo si permaneces fiel a Él.

PREGUNTAS DE DISCUSIÓN

1. ¿Por qué los amigos de Daniel fueron arrojados al horno ardiente?
2. ¿Qué le dijeron Sadrac, Mesac y Abednego al rey sobre adorar su imagen de oro?
3. ¿Cómo reaccionó el rey ante su negativa de adorar la imagen de oro?
4. ¿Cuánto ordenó el rey que se calentara el horno? ¿Qué les sucedió a los hombres que arrojaron a los jóvenes al fuego?
5. ¿Cuántas personas vieron el rey y sus funcionarios en el horno, y quién crees que era la cuarta figura?
6. ¿Qué les sucedió a los tres hombres cuando salieron del horno?
7. ¿Qué nos enseña esta historia sobre defender nuestra fe, incluso cuando es difícil?
8. Según Santiago 1:2-4, ¿cuál es el resultado de enfrentar pruebas ardientes con fe?
9. ¿Cómo puede Dios usar tiempos difíciles en tu vida para fortalecer tu fe? ¿Hay alguna situación en tu propia vida en la que puedas ver que Dios te estaba enseñando algo?
10. ¿Estás listo para defender a Dios, incluso cuando no es fácil, al igual que lo hicieron los amigos de Daniel? ¿Por qué o por qué no?

PENSAMIENTO SOBRE EL PROPÓSITO

Volvamos a la historia de David. Era un joven pastor, pero ya tenía un testimonio. Cuando decidió luchar contra Goliat, usó su experiencia para darle confianza. Ya había luchado contra osos y leones, y no temía luchar contra un gigante, y sería victorioso como siempre lo había sido.

Los jóvenes con los que trabajas también tienen un testimonio. Algunos han sobrevivido a la separación familiar y tragedias, otros han soportado la pobreza, y otros han sido maltratados, acosados o ignorados en la escuela o en su comunidad. Al igual que David, pueden usar estas experiencias difíciles para recordarles que sobrevivieron esos tiempos difíciles porque Dios estaba con ellos, y el mismo Dios los ayudará ahora en lo que sea que enfrenten.

ESTUDIO 23
AHORA

OBJETIVO DEL ESTUDIO

En este capítulo, aprenderás que los jóvenes tienen contribuciones importantes que hacer ahora, independientemente de su edad.

ENFOQUE BÍBLICO

El apóstol Pablo estaba en problemas y se encontraba encarcelado por sus enemigos, que estaban planeando su muerte. Afortunadamente, un joven se enteró del complot y al compartir lo que sabía, salvó a Pablo.

- El sobrino de Pablo escuchó sobre el complot contra Pablo y fue hasta la prisión para informarle: Hechos 23:16.

- Pablo llamó a uno de los oficiales y le pidió que llevara a su sobrino al comandante porque tenía algo importante que decirle: Hechos 23:17.

- El oficial llevó al sobrino de Pablo al comandante y le dijo que el prisionero Pablo había pedido que trajeran a este joven ante él: Hechos 23:18.

- El comandante tomó al joven de la mano, lo llevó a un lugar privado y le preguntó qué tenía que decirle: Hechos 23:19.

VISIÓN GENERAL

En esta lección, aprendemos sobre un joven que salvó a su tío, el apóstol Pablo. Debido a que Pablo estaba convirtiendo a muchos a seguir a Cristo, era odiado por muchos judíos y terminó en la cárcel después de un motín. Algunos incluso planearon matarlo mientras lo transferían a su audiencia. El sobrino de Pablo escuchó sobre el complot y fue a decirle a Pablo. Pablo entonces envió a su sobrino a informar al comandante de los guardias. El comandante creyó al joven y cambió los planes para mantener a Pablo a salvo. Este joven desempeñó un papel crucial a pesar de su edad.

Si eres mayor, reconoce que los jóvenes en tu vida tienen contribuciones únicas que hacer. Si eres joven, sabe que Dios quiere usarte ahora. Presta atención a lo que aprendes, actúa sobre tus ideas y desarrolla tus talentos. Nunca eres demasiado joven para que Dios te use para hacer una diferencia.

PUNTOS DE CONVERSACIÓN

1. El sobrino de Pablo salvó su vida al advertirle sobre un complot para matarlo.
2. El sobrino escuchó el complot e inmediatamente lo informó a Pablo.
3. Pablo envió a su sobrino al comandante, quien creyó al joven y cambió sus planes para proteger a Pablo.
4. El comandante "lo tomó de la mano", mostrando que el sobrino era muy joven, posiblemente en su adolescencia temprana o más joven.
5. A pesar de su juventud, el sobrino de Pablo desempeñó un papel importante en una situación de adultos.
6. Los jóvenes pueden ser valiosos y marcar la diferencia usando su valor, conciencia espiritual y talentos.
7. Nunca eres demasiado joven para que Dios te use, y debes actuar sobre tus ideas y talentos ahora.

PREGUNTAS DE DISCUSIÓN

1. ¿Dónde estaba el apóstol Pablo y por qué estaba allí?
2. ¿Qué hizo el sobrino de Pablo cuando escuchó sobre el complot para matarlo?
3. ¿Cómo hizo el sobrino de Pablo para que el comandante le creyera?
4. ¿Qué papel desempeñó el sobrino de Pablo a pesar de su corta edad?
5. ¿Por qué es significativo que el comandante "lo tomara de la mano"? ¿Qué nos dice eso sobre el sobrino de Pablo?
6. ¿Cómo pueden los jóvenes ser útiles en situaciones de adultos, según esta lección? ¿Crees que estamos utilizando los dones y talentos de nuestros jóvenes al máximo? ¿Qué más podemos hacer?

7. ¿Qué consejo se da a los jóvenes sobre usar sus talentos e ideas ahora?
8. ¿Qué deberían reconocer las personas mayores sobre los jóvenes en sus vidas?
9. ¿Cómo demuestra la historia del sobrino de Pablo que nunca eres demasiado joven para hacer una diferencia?
10. ¿Qué sugiere esta lección sobre esperar para comenzar tus metas y sueños?

PENSAMIENTO SOBRE EL PROPÓSITO

En muchas culturas modernas, no se espera mucho de los jóvenes. Van a la escuela, pero más allá de eso, se les exime de responsabilidad y se espera que jueguen y busquen recreación hasta que vayan a la universidad o después de terminarla. Sin embargo, en algunas partes del mundo, los jóvenes juegan roles importantes en sus familias debido a la pobreza, enfermedad familiar u otros problemas. El punto que quiero hacer es que Dios puede poner a algunos jóvenes en situaciones donde tienen que madurar rápidamente, pero Dios los ayuda en su rol y eso los prepara para su futuro.

ESTUDIO 24
JÓVENES Y MAYORES POR IGUAL

OBJETIVO DEL ESTUDIO

En este capítulo, aprenderás que Dios ha derramado Su Espíritu sobre todas las personas, incluidos los jóvenes.

ENFOQUE BÍBLICO

El día de un festival judío llamado Pentecostés, Dios derramó el Espíritu Santo que Jesús había prometido que vendría para guiar a sus seguidores hacia toda la verdad. Veamos lo que dice la Biblia sobre este importante evento.

- Pedro dijo que esto fue prometido en el Antiguo Testamento: "Después de esto, derramaré mi Espíritu sobre todo ser humano. Los hijos y las hijas de ustedes profetizarán, tendrán sueños los ancianos y los jóvenes recibirán visiones." – Joel 2:28.

- El Espíritu sería derramado sobre hombres y mujeres: "En ese tiempo, derramaré mi Espíritu aun sobre los siervos, tanto hombres como mujeres" – Joel 2:29.

- La gente actuaba de manera diferente a lo normal cuando el Espíritu venía sobre ellos: "Estos no están borrachos, como suponen ustedes. ¡Apenas son las nueve de la mañana!" – Hechos 2:15.

- El Espíritu Santo siempre fue parte del plan de Dios para ayudar a las personas a encontrar y cumplir su propósito: "En realidad lo que pasa es lo que anunció el profeta Joel:" – Hechos 2:16

- El Espíritu sería dado tanto a jóvenes como a ancianos, y ambos harían cosas que no podían hacer antes de la venida del Espíritu: "Sucederá que en los últimos días —dice Dios—derramaré mi Espíritu sobre todo ser humano. Los hijos y las hijas de ustedes profetizarán, tendrán visiones los jóvenes y sueños los ancianos." – Hechos 2:17.

- Dios viene a ayudar a sus siervos viviendo dentro de ellos, donde hace su hogar terrenal: "En esos días derramaré mi Espíritu aun sobre mis siervos y mis siervas, y profetizarán." – Hechos 2:18.

VISIÓN GENERAL

En este capítulo, vemos una promesa que Dios hizo a través del profeta Joel sobre derramar Su Espíritu sobre todas las personas: los hijos y las hijas profetizarán, los ancianos tendrán sueños y los jóvenes verán visiones (Joel 2:28-29). Cuando el Espíritu fue derramado en Pentecostés, Pedro explicó que esta promesa se estaba cumpliendo (Hechos 2:15-18). A diferencia de los tiempos del Antiguo Testamento, cuando el Espíritu de Dios venía sobre unas pocas personas, Dios prometió que Su Espíritu sería dado a todos aquellos que cumplieran los requisitos a través de la fe, equipando tanto a jóvenes como a ancianos, hombres y mujeres, para Sus propósitos.

Esto significa que los jóvenes que tienen dones espirituales y deben usarlos para servir a Dios. Los adultos deben ayudar a los jóvenes a desarrollar sus dones, y los jóvenes deben reconocer y usar sus talentos, ya sea en la iglesia, los estudios, los deportes o las amistades, para bendecir a los demás y servir al Señor. El plan de Dios es que todas las generaciones trabajen juntas, capacitadas por Su Espíritu, para el bien de la Iglesia y el avance de Su reino en toda la tierra.

PUNTOS DE CONVERSACIÓN

1. Dios prometió derramar Su Espíritu sobre todos, incluidos los hijos, las hijas, los ancianos y los jóvenes (Joel 2:28-29).

2. Pedro explicó que esta promesa se cumplió en Pentecostés cuando el Espíritu fue derramado, y todos podían recibirlo (Hechos 2:15-18).

3. En el Antiguo Testamento, el Espíritu de Dios solo venía sobre unas pocas personas, pero ahora está disponible para todos, incluidos jóvenes y ancianos, hombres y mujeres.

4. Los jóvenes recibirán dones espirituales y se espera que los usen para servir al reino de Dios, al igual que los adultos.

5. Los adultos deben ayudar a los jóvenes a desarrollar y expresar sus dones espirituales.

6. Los jóvenes deben reconocer y usar sus talentos, ya sea en la iglesia, los estudios, los deportes o las amistades, para bendecir a los demás y servir al Señor.
7. El plan de Dios es que todas las generaciones trabajen juntas, capacitadas por Su Espíritu, para avanzar Su reino y beneficiar a la Iglesia.

PREGUNTAS DE DISCUSIÓN

1. ¿Qué promesa le hizo Dios al profeta Joel sobre Su Espíritu?
2. Según Joel, ¿quién recibirá el Espíritu de Dios y proclamará Su mensaje?
3. ¿Cómo explicó Pedro el cumplimiento de esta promesa en Pentecostés?
4. En el Antiguo Testamento, ¿sobre quiénes venía el Espíritu de Dios de manera aleatoria?
5. ¿Cuál es la diferencia entre cómo se daba el Espíritu de Dios en el Antiguo Testamento y cómo se da ahora?
6. ¿Espera Dios que los jóvenes usen sus dones espirituales?
7. ¿Qué pregunta deberían hacerse los adultos sobre cómo ayudar a los jóvenes con sus dones espirituales?
8. ¿Qué tipos de dones podrían tener los jóvenes que no se limitan a las actividades de la iglesia? ¿Qué dones tienes tú?
9. ¿Cómo pueden los jóvenes usar sus talentos para servir al Señor y bendecir a los demás ahora mismo? ¿Cómo puedes usar los tuyos?
10. ¿Por qué es importante que tanto los jóvenes como los ancianos trabajen juntos, según el pasaje?

PENSAMIENTO SOBRE EL PROPÓSITO

Uno de mis dichos favoritos cuando hablo con jóvenes es que no existe una versión infantil o adolescente del Espíritu Santo. Cuando Él habita en una persona, le da propósito, dones espirituales y sabiduría. Luego espera que, jóvenes o ancianos, usen esos dones. Cuando oran en el nombre de Jesús, Dios responde sus oraciones como lo hace cuando su pastor o sus padres oran. Mientras que la cultura moderna solo espera que los niños y jóvenes jueguen, Dios espera que sean ciudadanos productivos e importantes en Su Reino.

ESTUDIO 25
UN LUGAR ESPECIAL

OBJETIVO DEL ESTUDIO

En este capítulo, aprenderás que todos son únicos por el diseño de Dios, y Él utiliza esa singularidad para Sus propósitos.

ENFOQUE BÍBLICO

Ester era una joven hermosa que Dios usó para salvar a su pueblo en un tiempo de tribulación. Veamos lo que sabemos sobre la vida temprana de esa joven.

- "En la ciudad de Susa vivía un judío de la tribu de Benjamín, llamado Mardoqueo, hijo de Yaír, hijo de Simí, hijo de Quis, uno de los capturados en Jerusalén y llevados al exilio cuando Nabucodonosor, rey de Babilonia, se llevó cautivo a Jeconías, rey de Judá. Mardoqueo tenía una prima llamada Jadasá. Esta joven, conocida también como Ester, a quien había criado porque era huérfana de padre y madre, tenía una figura atractiva y era muy hermosa. Al morir sus padres, Mardoqueo la adoptó como su hija. Cuando se proclamaron el edicto y la orden del rey, muchas jóvenes fueron reunidas en la ciudad de Susa y puestas al cuidado de Jegay. Ester también fue llevada al palacio del rey y confiada a Jegay, quien estaba a cargo del harén. La joven agradó a Jegay y se ganó su simpatía. Por eso él se apresuró a darle el tratamiento de belleza y los alimentos especiales. Le asignó las siete doncellas más distinguidas del palacio y la trasladó con sus doncellas al mejor lugar del harén." – Ester 2:5-9.

VISIÓN GENERAL

Ester era una joven hermosa criada por su primo Mardoqueo después de que sus padres murieran. Vivía entre otros judíos en Persia, una tierra extranjera donde habían sido exiliados. Cuando el rey de Persia buscaba una nueva reina, sus sirvientes buscaron a las mujeres más hermosas, y Ester fue una de las elegidas. Fue llevada al palacio real y recibió tratamientos especiales para prepararse para conocer al rey. La belleza y las cualidades especiales de Ester la hicieron destacar, a pesar de su origen humilde. Dios tenía un propósito único para ella, al igual que Él tiene un plan para cada uno de nosotros. Al igual que Ester, debes confiar en que Dios usará tus talentos y cualidades para Sus propósitos, sin importar tus circunstancias.

PUNTOS DE CONVERSACIÓN

1. Ester era una huérfana criada por su primo Mardoqueo en Persia, entre otros judíos exiliados. No tenía ni madre ni padre.
2. El rey de Persia buscaba una nueva reina, y Ester fue elegida por su belleza. Dios no ignoró su don más natural.
3. Ester recibió tratamientos especiales para prepararse para conocer al rey y rápidamente ganó favor. En otras palabras, estos tratamientos realzaron lo que ya Ester era.
4. La belleza de Ester era un don de Dios, destinado a ser usado para Sus propósitos, y no podía ser una fuente de orgullo o ego.
5. A pesar de su origen humilde, las cualidades especiales de Ester la hicieron destacar.
6. Dios puede usar tus talentos y cualidades únicas para Sus propósitos, al igual que lo hizo con Ester.
7. Sueña en grande y confía en que Dios abrirá puertas y brindará oportunidades, sin importar las circunstancias de tu infancia.

PREGUNTAS DE DISCUSIÓN

1. ¿Quién crió a Ester después de que sus padres murieran? ¿Cómo crees que fue su vida como huérfana?
2. ¿Por qué fue Ester llevada a la residencia del rey en Persia? ¿Cómo te sentirías si te llevaran al edificio más importante de tu país?
3. ¿Qué tratamiento especial recibió Ester para prepararse para conocer al rey?
4. ¿Qué papel jugaron los atributos físicos de Ester para que los sirvientes del rey la eligieran?
5. ¿Qué lección puedes aprender de Ester sobre estar orgulloso de tu

apariencia o habilidades? ¿La belleza de Ester se usó para sus propios fines o para cumplir algo que Dios quería que sucediera?

6. ¿Parecía Ester una candidata probable para ser reina basándonos en su crianza y vida familiar? ¿Qué te dice eso sobre Dios? ¿Distingue Él entre los ricos y los pobres?
7. ¿Cómo puede Dios usar tus cualidades y talentos únicos para Sus propósitos, según la historia de Ester? ¿Puedes describir algunas de esas cualidades y talentos?
8. ¿Qué tipo de aliento proporciona la historia de Ester para alguien de una familia pobre o rota?
9. ¿Cómo muestra la historia de Ester que Dios puede abrir puertas y proporcionar oportunidades para los jóvenes?
10. ¿Qué deberías hacer si sueñas con asistir a una excelente escuela, universidad o lograr algo, pero sientes que es imposible?

PENSAMIENTO SOBRE EL PROPÓSITO

Hace años, estaba hablando con un grupo de jóvenes adultos en Zimbabue un sábado por la noche, cuando tenían su reunión semanal. Estaba hablando sobre Ester, pero luego sentí que debía detenerme y preguntar: "¿Cuántos de ustedes han considerado alguna vez dedicarse a una carrera de modelaje? Por favor, pónganse de pie." Y unos pocos se levantaron. Luego pregunté: "¿Cuántas de las mujeres aquí han pensado en comenzar una línea de ropa o perfume que tal vez llevaría su nombre?" Y más se levantaron. Entonces continué: "¿Hay alguien que haya considerado ser modelo?" Aún más se levantaron. De las 600 personas presentes, diría que unos 75 estaban de pie. Luego añadí: "¿Cuántos hombres aquí han pensado en hacer alguna de esas cosas?" Para mi sorpresa, otros 25 más se levantaron.

Luego dirigí a los que estaban de pie: "Si has seguido tu pensamiento en estas áreas, por favor permanece de pie. De lo contrario, siéntate." En ese momento, todos se sentaron. Así que continué preguntando: "¿Por qué ninguno de ustedes siguió adelante o persiguió ese impulso?" Y la gente respondió como pensaba que lo harían: "No es un área de trabajo piadosa. No es una carrera que mis padres aprobarían. Tenía miedo."

Señalé que Dios fue el creador original de la ropa, haciendo vestiduras para Adán y Eva. Y luego señalé que Dios usó la belleza de Ester para Su propósito de salvar a Su pueblo, y usó los tratamientos de belleza que las personas le dieron para hacerla aún más hermosa. Mientras compartía, una joven me escuchó y decidió seguir su sueño de diseño de moda. Solicitó ingreso a la London School of Fashion y fue aceptada con una beca completa.

Mi punto es que el modelaje y la industria de la belleza están llenos de inmoralidad, pero también lo están muchas otras carreras. Eso no es razón para no seguir una carrera en esos campos. La respuesta es ser un creyente comprometido en esos trabajos, como lo fueron Ester, José y Daniel en sus posiciones. Ayuda a tus jóvenes a entender que Dios está interesado en toda Su creación, no solo en la iglesia, y que Él puede querer enviarlos a esos campos de la vida humana como testigos y misioneros representándolo a Él.

ESTUDIO 26
LO MEJOR QUE PUEDES SER

OBJETIVO DEL ESTUDIO

En este capítulo, aprenderás que Dios quiere ayudarte a desarrollar tus habilidades y talentos hasta su máximo potencial.

ENFOQUE BÍBLICO

Ester era hermosa, pero después de ser seleccionada como una de las mujeres más hermosas del reino, recibió tratamientos para hacerla aún más hermosa, más de lo que Dios la había creado para ser.

- "La joven agradó a Jegay y se ganó su simpatía. Por eso él se apresuró a darle el tratamiento de belleza y los alimentos especiales. Le asignó las siete doncellas más distinguidas del palacio y la trasladó con sus doncellas al mejor lugar del harén." – Ester 2:9.

- "Ahora bien, para poder presentarse ante el rey, una joven tenía que completar los doce meses de tratamiento de belleza ordenados: seis meses con aceite de mirra y seis con perfumes y cosméticos." – Ester 2:12.

Siempre debes hacer lo que haces y ser lo que eres de la mejor manera posible, como Pablo aconsejó en su carta a los Colosenses:

- "Hagan lo que hagan, trabajen de buena gana, como para el Señor y no como para nadie en este mundo, conscientes de que el Señor los recompensará con la herencia. Ustedes sirven a Cristo el Señor." – Colosenses 3:23-24.

VISIÓN GENERAL

En el capítulo anterior, comenzamos a ver la historia de Ester. Ester era una adolescente huérfana hermosa, seleccionada como candidata para ser la próxima reina. Después de ser elegida, Ester recibió extensos tratamientos de belleza durante un año para realzar su belleza natural. Esto nos enseña una lección importante: Dios quiere avanzar quien ya eres al siguiente nivel. Así como la belleza de Ester fue realzada, debes trabajar para desarrollar tus propios talentos y dones. Ya seas músico, atleta o buen estudiante, practica y busca formas de mejorar. Dios te hizo quien eres, y quiere que seas lo mejor que puedas ser. Trabaja duro y recuerda que, en última instancia, estás trabajando para el Señor, y Él lo notará y se complacerá.

PUNTOS DE CONVERSACIÓN

1. Ester era una adolescente huérfana hermosa, elegida como candidata para ser la próxima reina debido a su belleza.
2. Después de ser seleccionada, Ester recibió un año de tratamientos de belleza, incluyendo masajes y una dieta especial, para realzar su belleza natural.
3. La lección de la historia de Ester no se trata de enfocarse en la apariencia, sino en desarrollar y realzar los dones y talentos que Dios te ha dado.
4. Si tienes un talento, como ser un buen músico o atleta, es importante practicar, encontrar buenos maestros y ganar experiencia para desarrollar ese talento.
5. Para los buenos estudiantes, es crucial aumentar el conocimiento leyendo y tomando clases desafiantes.
6. 6. Dios quiere que seas lo mejor que puedas ser en lo que haces, al igual que Ester mejoró y se preparó para su rol.
7. Trabaja duro y haz todo con todo tu corazón para el Señor, y recuerda que Dios es quien te permitió ser quien eres.

PREGUNTAS DE DISCUSIÓN

1. ¿Por qué fue Ester elegida como candidata para ser la próxima reina? ¿Cómo te sentirías si fueras seleccionado inesperadamente para un reconocimiento o rol especial?
2. ¿Qué tratamientos especiales recibió Ester después de ser seleccionada para su consideración? ¿Por qué crees que lo hicieron? ¿Cuál era el objetivo de los oficiales?
3. ¿Cuál crees que es la lección más importante para ti de la historia de

Ester discutida en este capítulo?

4. ¿Cómo puedes desarrollar y realizar los dones y talentos que Dios te ha dado? ¿Qué harías si no tuvieras miedo? ¿Si tuvieras todo el dinero que necesitas para hacerlo?

5. ¿Qué pasos debería tomar un buen músico o atleta para mejorar sus habilidades? ¿Qué pasos puedes tomar para mejorar lo que haces mejor?

6. ¿Cómo puede un buen estudiante trabajar para aumentar su conocimiento y desarrollar su mente? ¿Qué puedes hacer tú?

7. ¿Qué dice Colosenses 3:23-24 sobre cómo deberías abordar tu trabajo? ¿Crees que Dios está observando, incluso si otros no prestan atención? Si lo haces, ¿qué diferencia debería hacer eso en tu trabajo y preparación?

8. ¿Por qué es importante trabajar duro y hacer todo con todo tu corazón para el Señor? ¿Qué pasa si no te pagan por lo que haces? ¿Eso debería hacer una diferencia?

9. En la historia de Ester, ¿ella era solo una "cara bonita"? ¿Qué más sabemos sobre Ester que la hizo la joven que Dios usó como lo hizo?

10. ¿Qué puedes aprender de la historia de Ester sobre ser la mejor versión de ti mismo? ¿Qué puedes comenzar a hacer hoy para convertirte en esa mejor versión?

PENSAMIENTO SOBRE EL PROPÓSITO

Por qué Dios usó a Pablo para hacer tanto trabajo con los gentiles? Porque sabía varios idiomas, era un experto en el Antiguo Testamento, vivía en una ciudad gentil y era ciudadano romano. Dios no pudo elegir a Pedro para hacer el trabajo que hizo Pablo. Pablo se había preparado a sí mismo sin saber para qué se lo estaba haciendo. Nuestros jóvenes deben hacer lo mismo. Si se preparan, Dios los usará.

Dios no promueve a personas con potencial. Promueve a quienes están desarrollando y comprometidos a seguir desarrollando su potencial, convirtiéndose en lo mejor que pueden ser. He obtenido dos doctorados en ministerio, he impartido numerosas clases en la universidad, y he leído muchos libros. Escribo todos los días porque cuanto más escribo, mejor me vuelvo. Y como soy un buen escritor, ahora Dios envía a personas para que las ayude a escribir sus libros. Viajo y hablo sobre cómo encontrar tu propósito en todo el mundo. ¿Por qué puedo hacer esto? Porque he desarrollado mi potencial.

ESTUDIO 27
PREPÁRATE

OBJETIVO DEL ESTUDIO

En este capítulo, aprenderás que Dios te está preparando para algo en tu futuro y que debes prepararte para ello con todo tu corazón y fuerza.

ENFOQUE BÍBLICO

Después de que Ester fue nombrada reina, un enemigo de los judíos logró convencer al rey de que los judíos eran sus enemigos. Ninguno de esos hombres sabía que Ester era judía, por lo que el rey ordenó que todos fueran asesinados. Mardoqueo contactó a Ester para animarla a pedirle al rey que cancelara su orden.

- "Cuando Mardoqueo se enteró de lo que había dicho Ester, mandó a decirle: No te imagines que por estar en la casa del rey serás la única que escape con vida de entre todos los judíos. Si ahora te quedas absolutamente callada, de otra parte vendrán el alivio y la liberación para los judíos, pero tú y la familia de tu padre perecerán. ¡Quién sabe si precisamente has llegado al trono para un momento como este!" – Ester 4:12-14.

- "Al tercer día, Ester se puso sus vestiduras reales y fue a pararse en el patio interior del palacio, frente a la sala del rey. El rey estaba sentado allí en su trono real, frente a la puerta de entrada. Cuando vio a la reina Ester de pie en el patio, se mostró complacido con ella y le extendió el cetro de oro que tenía en la mano. Entonces Ester se acercó y tocó la punta del cetro." – Ester 5:1-2.

- "Ester respondió: —Si me he ganado el favor de Su Majestad, y si le parece bien, mi deseo es que me conceda la vida. Mi petición es que se compadezca de mi pueblo. Porque a mí y a mi pueblo se nos ha vendido para exterminio, muerte y aniquilación. Si solo se nos hubiera vendido como esclavos, yo me habría quedado callada, pues tal angustia no sería motivo suficiente para inquietar a Su Majestad." – Ester 7:3-4.

- "Dijo: —Si me he ganado el favor de Su Majestad, y si piensa que es correcto hacerlo y está contento conmigo, dígnese dar una contraorden que invalide los decretos para aniquilar a los judíos que están en todas las provincias del reino, los cuales fraguó y escribió Amán, hijo de Hamedata, el agagueo. Porque ¿cómo podría yo ver la calamidad que se cierne sobre mi pueblo? ¿Cómo podría ver impasible el exterminio de mi gente?" – Ester 8:5-6.

- "El edicto del rey facultaba a los judíos de cada ciudad a reunirse y defenderse, a exterminar, matar y aniquilar a cualquier fuerza armada de otro pueblo o provincia que los atacara a ellos o a sus mujeres y niños; también a apoderarse de los bienes de sus enemigos." – Ester 8:11.

- "El edicto y la orden del rey debían ejecutarse el día trece del mes doce, que es el mes de adar. Los enemigos de los judíos esperaban dominarlos ese día; pero ahora se habían invertido los papeles y los judíos dominaban a quienes los odiaban." – Ester 9:1.

- "Pero cuando Ester se presentó ante el rey, este ordenó por escrito que el malvado plan maquinado por Amán contra los judíos debía recaer sobre su propia cabeza, y que él y sus hijos fueran colgados en la horca." – Ester 9:25

VISIÓN GENERAL

Después de que Ester fue nombrada reina, descubrió que algunas personas en el país donde vivía odiaban a los judíos, pero no sabían que ella también era judía. Estos enemigos engañaron al rey para que ordenara que todos los judíos fueran asesinados. El primo de Ester, Mardoqueo, le pidió que ayudara, pero acercarse al rey sin una invitación podría ser peligroso para ella. Mardoqueo le advirtió que no estaba a salvo solo por estar en el palacio y sugirió que tal vez fue hecha reina para ayudar en ese momento crucial. Ester escuchó, se acercó al rey y pudo salvar a su pueblo. Esta historia nos enseña que cuando conoces tu propósito y tus dones, debes prepararte para un futuro importante de formas que te sorprenderán. Necesitas trabajar duro y desarrollar tus habilidades para que cuando llegue el momento, estés listo para actuar y cumplir el plan de Dios para ti, tal como lo hizo Ester.

PUNTOS DE CONVERSACIÓN

1. Ester descubrió que algunas personas odiaban a los judíos y engañaron al rey para que ordenara su muerte, sin saber que ella misma era judía.
2. Su primo Mardoqueo se enteró del complot y le pidió ayuda, advirtiéndole que quedarse en silencio no la mantendría a salvo.
3. Mardoqueo sugirió que tal vez Ester se convirtió en reina para ayudar a los judíos en ese momento crucial.
4. Ester escuchó a Mardoqueo, se acercó al rey y pudo idear un plan que salvó a su pueblo y derrotó a sus enemigos.
5. Cuando conoces tu propósito y dones, es importante prepararte para tu futuro desarrollando tus habilidades y entendiendo tu propósito.
6. La preparación implica trabajo duro y fe, sabiendo que Dios te está posicionando para futuras oportunidades, incluso si no entiendes completamente dónde, cuándo o por qué.
7. Confía en que Dios está contigo ahora, preparándote para tu futuro, al igual que lo hizo con Ester.

PREGUNTAS DE DISCUSIÓN

1. ¿Qué descubrió Ester después de ser nombrada reina? ¿Cómo crees que esto la hizo sentir?
2. ¿Cómo engañaron los enemigos de Ester al rey, y qué ordenó el rey?
3. ¿Quién le pidió ayuda a Ester cuando se enteró del complot contra los judíos?
4. ¿Por qué estaba en peligro Ester si se acercaba al rey sin ser invitada?
5. ¿Qué advertencia le dio Mardoqueo a Ester sobre quedarse en silencio? ¿Por qué crees que Ester tendría miedo de hablar?
6. ¿Cómo respondió Ester a la advertencia de Mardoqueo y cuál fue el resultado?
7. ¿Por qué es importante prepararse para el futuro, incluso si no sabes exactamente para qué te estás preparando?
8. ¿Cuáles son algunas formas en que puedes desarrollar tus habilidades y entender tu propósito para que Dios pueda usarte en el futuro, al igual que lo hizo con Ester?
9. ¿Cómo puede mejorar tus disciplinas espirituales ayudarte a estar listo para momentos difíciles? ¿Qué pasos puedes tomar ahora para crear buenos hábitos espirituales que te preparen para el futuro?
10. ¿Qué significa la frase "para un momento como este" en el contexto de la historia de Ester? ¿Cómo crees que se sintió Ester al reflexionar

sobre su vida cuando se encontró en la posición de intentar salvar a su pueblo?

PENSAMIENTO SOBRE EL PROPÓSITO

Hay una historia interesante en el libro de Génesis que involucra a Jacob cuando huía de su hermano después de haberle robado su primogenitura:

> Jacob partió de Berseba y se encaminó hacia Jarán. Cuando llegó a cierto lugar, se detuvo para pasar la noche porque ya estaba anocheciendo. Tomó una piedra, la usó como almohada y se acostó a dormir en ese lugar. Allí soñó que había una escalinata apoyada en la tierra y cuyo extremo superior llegaba hasta el cielo. Por ella subían y bajaban los ángeles de Dios. En el sueño, el Señor estaba de pie junto a él y le decía: "Yo soy el Señor, el Dios de tu abuelo Abraham y de tu padre Isaac. A ti y a tu descendencia les daré la tierra sobre la que estás acostado. Tu descendencia será tan numerosa como el polvo de la tierra. Te extenderás de norte a sur y de oriente a occidente, y todas las familias de la tierra serán bendecidas por medio de ti y de tu descendencia. Yo estoy contigo. Te protegeré por dondequiera que vayas y te traeré de vuelta a esta tierra. No te abandonaré hasta cumplir con todo lo que te he prometido." Al despertar Jacob de su sueño, pensó: "Sin duda, el Señor está en este lugar y yo no me había dado cuenta." Y con mucho temor, añadió: "¡Qué asombroso es este lugar! ¡Es nada menos que la casa de Dios y la puerta del cielo!." (Génesis 28:10-17).

Dios estaba con Jacob antes de que se durmiera y antes de que tuviera el sueño. Sin embargo, Jacob no se dio cuenta. No sabía que Dios estaba con él en ese lugar donde posó su cabeza para descansar. ¿Cuál es mi punto?

Lo mismo era cierto para Ester, pues Dios la estaba preparando sin que ella lo supiera. La había preparado para el momento en que Dios la usaría para salvar a su pueblo. Y Dios está con los jóvenes con los que trabajas. Enséñales a confiar en que Dios sabe lo que está haciendo y cómo prepararlos no solo para el éxito hoy, sino para estar en el lugar correcto en el momento correcto para el éxito de mañana.

ESTUDIO 28
ES UN REGALO

OBJETIVO DEL ESTUDIO

En este capítulo, aprenderás que tu provisión (alimentos, ropa, refugio) es un regalo de Dios. Tú haces el trabajo que Él te creó para hacer y Él provee todo lo que tú y tu familia necesitan.

ENFOQUE BÍBLICO

Muchas personas toman decisiones sobre el trabajo que hacen basándose en lo que una carrera o un empleo les puede pagar. No hay nada malo en eso. Sin embargo, la Biblia es clara al decir que Dios es tu proveedor y lo que Él te da es un regalo, no tu salario. Eso significa que puedes hacer el trabajo del Reino de Dios y Él puede proveer para ti no solo a través de tu empleo, sino por cualquier medio que Él elija. Eso te libera de hacer del dinero tu prioridad principal. Tu prioridad principal puede ser hacer la voluntad de Dios donde quiera que Él quiera que lo hagas. Aquí hay algunos versículos de la Biblia que hablan sobre la provisión de Dios como un regalo.

- "También dijo: «Yo les doy de la tierra todas las plantas que producen semilla y todos los árboles que dan fruto con semilla; todo esto les servirá de alimento. Y doy la hierba verde como alimento a todas las fieras de la tierra, a todas las aves del cielo y a todos los seres vivientes que se arrastran por la tierra». Y así sucedió." – Génesis 1:29-30

- "Así que no se preocupen diciendo: "¿Qué comeremos?", o "¿Qué beberemos?" o "¿Con qué nos vestiremos?". Los paganos andan tras todas estas cosas, pero su Padre celestial sabe que ustedes las necesitan.

Más bien, busquen primeramente el reino de Dios y su justicia, entonces todas estas cosas les serán añadidas." – Mateo 6:31-33

- "Así que mi Dios les proveerá de todo lo que necesiten, conforme a las gloriosas riquezas que tiene en Cristo Jesús." – Filipenses 4:19
- "El Señor es mi pastor, nada me falta" – Salmo 23:1
- "Toda buena dádiva y toda perfecta bendición descienden de lo alto, donde está el Padre que creó las lumbreras celestes, y quien no cambia ni se mueve como las sombras. " – Santiago 1:17
- "Fíjense en los cuervos: no siembran ni cosechan, ni tienen almacén ni granero; sin embargo, Dios los alimenta. ¡Cuánto más valen ustedes que las aves!" – Lucas 12:24
- "Y Dios puede hacer que toda gracia abunde para ustedes, de manera que siempre, en toda circunstancia, tengan todo lo necesario y toda buena obra abunde en ustedes." – 2 Corintios 9:8

VISIÓN GENERAL

A lo largo de este libro, hemos explorado personas y principios para ayudarte a encontrar tu propósito, sin importar tu edad. A medida que los jóvenes maduran, necesitarán ganarse la vida, y Dios sabe que necesitan dinero para alimentos y necesidades. Él promete proveer para ti, como se ve en Génesis cuando dio a Adán y Eva alimento. Jesús enseñó el mismo principio, diciendo que no nos preocupemos por la comida, la bebida o la ropa porque Dios sabe que necesitamos estas cosas. Si te enfocas en la voluntad de Dios, Él proveerá tus necesidades

Por ejemplo, como escritor, sigo la voluntad de Dios para escribir, aunque a veces no gano dinero directamente de mi trabajo, pero Dios sigue cubriendo mis necesidades de otras formas. Pregúntate qué harías si ya tuvieras todo el dinero que necesitas; esto puede ayudarte a descubrir tu propósito. Confía en que Dios proveerá para ti mientras persigues ese propósito, independientemente de si te pagan o no.

PUNTOS DE CONVERSACIÓN

1. Dios promete proveer para tus necesidades, como lo hizo para Adán y Eva al darles plantas y animales como alimento (ver Génesis 1:29-30).
2. Jesús enseñó a no preocuparse por la comida, la bebida o la ropa porque Dios sabe lo que necesitas y te lo proveerá (ver Mateo 6:31-33).
3. El reino de Dios es Su voluntad para tu vida, y si la sigues, Él suplirá todas tus necesidades, incluso si no es directamente a través de tu empleo.

4. Tu primera preocupación debe ser hacer la voluntad de Dios, no ganar dinero. Él puede proveer para ti de formas inesperadas cuando haces Su voluntad.
5. Soy escritor y ayudo a muchas personas a publicar su trabajo, y a veces no gano mucho dinero al hacerlo. Pero Dios es fiel y me trae dinero por otros medios para sostener a mi familia y a mí.
6. Pregúntate qué harías si ya tuvieras todo el dinero que necesitas. Esto puede ayudarte a descubrir tu propósito.
7. Luego confía en que Dios proveerá para ti mientras persigues Su propósito para ti, permitiéndote enfocarte en tu propósito en lugar de preocuparte por el dinero.

PREGUNTAS DE DISCUSIÓN

1. ¿Qué promete Dios en Génesis 1:29-30 con respecto a la comida y la provisión? ¿Estás convencido de que esto fue un regalo y no su salario por el trabajo realizado?
2. ¿Cómo proporcionó Dios comida para Adán y Eva según Génesis 1:29-30? Si Él proveyó de esa manera, ¿puede hacerlo de nuevo hoy? ¿Puede hacerlo por ti?
3. Según Jesús en Mateo 6:31-33, ¿cuál debería ser tu principal preocupación en lugar de preocuparte por la comida, el refugio y la ropa? ¿Qué es el Reino de Dios? ¿Por qué crees que es tan importante buscar ese Reino antes que una carrera?
4. ¿Cómo puedes descubrir tu propósito basándote en lo que harías si tuvieras todo el dinero necesario para vivir? ¿Te resulta difícil pensar en lo que harías? Si es así, ¿por qué crees que es así?
5. ¿Qué lección podemos aprender de mi ejemplo como escritor que comparte las enseñanzas de Dios en las redes sociales sin recibir pago por ello?
6. ¿Por qué el dinero no debería ser tu primera preocupación a medida que envejeces?
7. ¿Cómo puede Dios proveer para las necesidades de las personas cuando siguen Su voluntad? ¿Ha habido un momento en tu vida en que Dios lo hizo por ti o tu familia?
8. ¿Cuáles son algunas actividades que elegirías hacer si no tuvieras que preocuparte por el dinero? ¿Cómo puedes hacer esas cosas más a menudo?
9. ¿Cómo puedes aprender a confiar en que Dios proveerá para tus necesidades mientras persigues tu propósito?

10. ¿Qué significa que la provisión de Dios es un regalo y no un pago por el trabajo que haces?

PENSAMIENTO SOBRE EL PROPÓSITO

Solía decirle a la iglesia donde era pastor: "Ustedes no me contrataron, no pueden despedirme y no me pagan. Dios se encarga de todo eso." Y Dios demostró que esto era cierto una y otra vez. Mientras las personas contribuían con dinero a la iglesia, a veces no era suficiente para cubrir todas nuestras necesidades y pagarme. Sin embargo, Dios proveía para mi familia y para mí de maneras sorprendentes, usando a personas que no eran parte de la congregación para ayudarnos a satisfacer nuestras necesidades.

Estar libre de preocupaciones sobre el dinero es importante para cualquiera que esté persiguiendo un propósito. En la mayoría de los casos, Dios usará tu trabajo para cuidarte, pero a veces provee por otros medios y es importante que los jóvenes pongan su mente y su corazón en hacer la voluntad de Dios y permitir que Dios se encargue de sus necesidades, como Él ha prometido hacerlo una y otra vez.

ESTUDIO 29
PROVERBIOS

OBJETIVO DEL ESTUDIO

En este capítulo, aprenderás que una fuente valiosa de sabiduría para vivir tu propósito es el libro de Proverbios, que fue escrito con un propósito en mente: ayudarte a vivir una vida de propósito piadoso.

ENFOQUE BÍBLICO

Aquí tienes algunos versículos de Proverbios que hablan sobre cómo obtener la sabiduría que necesitas para hacer el trabajo que Dios te ha dado, lo que significa vivir una vida con propósito:

- Proverbios de Salomón, hijo de David, rey de Israel: para adquirir sabiduría y disciplina; para discernir palabras de inteligencia; para recibir la corrección que dan la prudencia, la rectitud, la justicia y la equidad; para infundir prudencia en los inexpertos, conocimiento y discreción en los jóvenes. Escuche esto el sabio y aumente su saber; reciba dirección el entendido, para discernir el proverbio y la parábola, los dichos de los sabios y sus enigmas. El temor del Señor es el principio del conocimiento; los necios desprecian la sabiduría y la disciplina. (Proverbios 1:1-7, NVI, énfasis añadido).

- "Al necio le parece bien lo que emprende, pero el sabio escucha el consejo." – Proverbios 12:15.

- "El que con sabios anda, sabio se vuelve; el que con necios se junta, saldrá mal parado." – Proverbios 13:20.

- "No se dejen engañar: 'Las malas compañías corrompen las buenas costumbres'" – 1 Corintios 15:33.

- "Hijo mío, si los pecadores quieren engañarte, no vayas con ellos. …¡Pero no te dejes llevar por ellos, hijo mío! ¡Apártate de sus senderos!" – Proverbios 1:10, 15.

- "Pero el que me obedezca vivirá tranquilo, sosegado y sin temor del mal" – Proverbios 1:33

VISIÓN GENERAL

Al principio de mi caminar con el Señor, alguien me aconsejó leer un capítulo de Proverbios al día, ya que tiene 31 capítulos, lo que significa que puedes terminarlo en un mes. Seguí este consejo durante muchos años e incluso escribí dos devocionales basados en Proverbios. Al concluir esta serie, te recomiendo Proverbios porque está lleno de sabiduría para personas de todas las edades, especialmente los jóvenes. Proverbios enseña cómo vivir con sabiduría, ser justo y evitar la necedad. Da consejos sobre dinero, liderazgo, trabajo y relaciones. Muestra la importancia de elegir sabiamente a tus amigos y evitar malas influencias. Dios quiere que conozcas y sigas Su voluntad, y leer Proverbios te ayudará a obtener la sabiduría necesaria para cumplir tu propósito. Recuerda, la sabiduría lleva a la seguridad y la paz, como dice Proverbios 1:33, y propósito según Proverbios 16:4: "El Señor ha hecho todo para sus propios fines, incluso al malvado para el día del desastre."

PUNTOS DE CONVERSACIÓN

1. Leer un capítulo de Proverbios cada día puede ayudarte a terminar el libro en un mes y obtener sabiduría valiosa.
2. Proverbios está diseñado para enseñar sabiduría, buenos consejos y comprensión profunda, especialmente para los jóvenes.
3. El libro de Proverbios cubre temas como el dinero, el liderazgo, el trabajo, las relaciones, la comunicación y el control de la ira.
4. Proverbios enfatiza la diferencia entre el comportamiento sabio y el necio, alentándote a buscar consejo y mantener buenas compañías.
5. Rodearte de personas sabias y dedicadas, como buenos estudiantes o músicos, te ayuda a mejorar y mantenerte enfocado en tu propósito.
6. 6. Dios quiere que conozcas y sigas Su voluntad, y leer Proverbios te prepara para manejar desafíos y tomar decisiones sabias.
7. Proverbios enseña que la sabiduría lleva a una vida segura y pacífica, y te guía para evitar malas influencias que pueden distraerte de tu propósito.

PREGUNTAS DE DISCUSIÓN

1. ¿Cuántos capítulos tiene el libro de Proverbios?
2. ¿Qué consejo sobre leer Proverbios cambió la vida del autor?
3. ¿Qué puede ganar un joven que lea Proverbios?
4. ¿Cuáles son algunos temas que enseña Proverbios? ¿Por qué no vas al capítulo del día de hoy y lees para ver cuántos temas puedes encontrar?
5. ¿Cuál es la diferencia entre los sabios y los necios según Proverbios 12:15? ¿Cómo puedes evitar ser necio? ¿Cómo puedes ser sabio?
6. ¿Por qué es importante rodearte de personas sabias, como se menciona en Proverbios 13:20? ¿Quiénes son las personas sabias en tu vida? ¿De qué otras maneras puedes obtener sabiduría en la escuela o a través de tu tiempo en Internet?
7. ¿Qué advertencia da Pablo en 1 Corintios 15:33?
8. ¿Por qué es importante estar rodeado de personas que te desafíen a mejorar en cualquier área de la vida? ¿A quién puedes desafiar para que sea más de lo que es ahora?
9. ¿Qué debes hacer si alguien intenta distraerte de tu propósito? ¿Hay distracciones en tu vida en este momento? Si es así, ¿qué estás dispuesto a hacer al respecto?
10. Según Proverbios 1:33, ¿qué se les promete a los que escuchan la sabiduría? ¿Quieres eso para tu vida? ¿Qué has aprendido sobre algunas de las formas en que puedes obtener la sabiduría que necesitas para la vida?

PENSAMIENTO SOBRE EL PROPÓSITO

Al escribir, he conocido al Señor por más de 50 años. Cuando conocí al Señor y comencé a leer Proverbios, mi oración fue: "Dios, hazme una fuente de sabiduría para tu pueblo." Y Dios ha respondido mi oración, ya que a través de las redes sociales, mis libros y mi ministerio de enseñanza, comparto la sabiduría de Dios con muchos a diario.

Instaría a los jóvenes a ser también una fuente de sabiduría para las personas que los rodean, convirtiéndose en lo mejor que puedan ser en el propósito que Dios les ha asignado y sirviendo a los demás de todas las maneras posibles. La buena noticia es que la sabiduría no es solo un cuerpo de conocimientos, es una relación con la fuente de la sabiduría, el Señor Jesucristo: "Quiero que lo sepan para que cobren ánimo, permanezcan unidos por amor, y tengan toda la riqueza que proviene de la convicción y del entendimiento. Así conocerán el misterio de Dios, es decir, a Cristo, en quien están escondidos todos los tesoros de la sabiduría y del conocimiento." (Colosenses 2:2-3).

ESTUDIO 30
SABIDURÍA DEL PROPÓSITO

OBJETIVO DEL ESTUDIO

En este capítulo, aprenderás que Dios desea otorgar sabiduría, pero solo a aquellos que la buscan. Por lo tanto, buscar al Señor no es un evento, sino una forma de vida para la persona con propósito, ya sea joven o mayor.

ENFOQUE BÍBLICO

La orientación no debería ser un problema para aquellos que sirven al Señor. Dios quiere que conozcas Su voluntad. No está tratando de engañarte ni confundirte. Sin embargo, si deseas conocer Su voluntad, debes buscarla sinceramente y comprometerte a seguirla antes de saber cuál es. Esto se llama sabiduría: saber qué hacer con el conocimiento que tienes, porque la fe requiere acción, no solo conocimiento. Aquí hay algunos pasajes sobre cómo obtener la sabiduría que necesitas para tu camino de propósito.

- "Y en ese mismo sitio se apareció el Señor en un sueño y le dijo:—Pídeme lo que quieras. Salomón respondió:—Tú trataste con mucho amor a tu siervo David, mi padre, pues se condujo delante de ti con lealtad, justicia y honestidad. Y como hoy se puede ver, has reafirmado tu gran amor al concederle que un hijo suyo lo suceda en el trono. Ahora, Señor mi Dios, me has hecho rey en lugar de mi padre David. No soy más que un muchacho y apenas sé cómo comportarme. Sin embargo, aquí me tienes, un siervo tuyo en medio del pueblo que has escogido, un pueblo tan numeroso que es imposible contarlo. Yo te ruego que des a tu siervo discernimiento para gobernar a tu pueblo y para distinguir entre el bien y el mal. De lo contrario, ¿quién podrá gobernar a este gran pueblo tuyo?" – 1 Reyes 3:5-9.

- "Si a alguno de ustedes le falta sabiduría, pídasela a Dios y él se la dará, pues Dios da a todos generosamente sin menospreciar a nadie. Pero que pida con fe, sin dudar, porque quien duda es como las olas del mar, agitadas y llevadas de un lado a otro por el viento. Quien es así no piense que va a recibir cosa alguna del Señor; es indeciso e inconstante en todo lo que hace." – Santiago 1:5-8.

- "Durante todos los días de tu vida, nadie será capaz de enfrentarse a ti. Así como estuve con Moisés, también estaré contigo; no te dejaré ni te abandonaré. Sé fuerte y valiente porque tú harás que este pueblo herede la tierra que prometí a sus antepasados. Solo te pido que seas fuerte y muy valiente para obedecer toda la ley que mi siervo Moisés te ordenó. No te apartes de ella ni a derecha ni a izquierda; solo así tendrás éxito dondequiera que vayas." – Josué 1:5-7

VISIÓN GENERAL

Si Dios te preguntara qué deseas para tu vida, ¿qué responderías? Esto le sucedió a Salomón cuando Dios le preguntó en un sueño. Salomón, que tenía unos 20 años y acababa de ser nombrado rey, pidió sabiduría para gobernar a su pueblo con justicia. Sabía que liderar una nación era una gran responsabilidad y que necesitaba la ayuda de Dios. Al igual que Salomón, es posible que no lideres un país, pero Dios te ha elegido para ser un líder a tu manera.

Tienes un propósito y dones que te hacen único. Es importante pedirle sabiduría a Dios y escuchar Su orientación sobre cómo cumplir ese propósito y utilizar esos dones. Dios quiere que tengas éxito y te ayudará, tal como prometió que ayudaría a Josué, otro héroe con propósito en la Biblia. Confía en que Dios siempre estará contigo y te guiará para cumplir tu propósito, y luego ponte en acción para ser la mejor persona de propósito que puedas ser.

PUNTOS DE CONVERSACIÓN

1. Dios se apareció a Salomón en un sueño y le preguntó qué deseaba. En lugar de pedir riquezas o poder, Salomón pidió sabiduría para gobernar a su pueblo con justicia.

2. Salomón reconoció que era joven e inexperto, por lo que oró por la capacidad de distinguir entre el bien y el mal y liderar al pueblo con sabiduría.

3. La mayoría de los estudiosos creen que Salomón tenía alrededor de 20 años cuando se convirtió en rey, lo que muestra que incluso los jóvenes pueden tener grandes responsabilidades y necesitan la guía de Dios.

4. Dios ha elegido a cada persona para un propósito, y cumplir ese propósito

a menudo significa liderar de alguna manera, ya sea en la medicina, los deportes, el entretenimiento u otro campo.

5. Salomón no vio su posición como una oportunidad para ganar riqueza o fama, sino como una oportunidad para servir a Dios y ayudar a los demás, demostrando humildad y un deseo de hacer la voluntad de Dios.

6. Pedir sabiduría a Dios, como lo hizo Salomón, es importante. Un "corazón que escucha" permite oír la voz de Dios y seguir Su orientación.

7. Dios promete estar con aquellos que lo buscan y se esfuerzan por cumplir su propósito, tal como prometió estar con Josué cuando se convirtió en el líder de Israel.

PREGUNTAS DE DISCUSIÓN

1. ¿Qué le preguntó Dios a Salomón en un sueño? Si Dios te preguntara eso, ¿qué pedirías?
2. ¿Cómo respondió Salomón a la pregunta de Dios? ¿Te sorprende su respuesta? ¿Qué pedirías tú?
3. ¿Qué edad tenía Salomón cuando se convirtió en rey y oró por sabiduría? ¿Qué harías si tuvieras que liderar a muchas personas a una edad temprana? ¿Cómo te sentirías?
4. ¿Qué cualidades mencionó Salomón que tenía su padre David? ¿Por qué crees que esas cualidades siguen siendo importantes?
5. ¿Por qué Salomón pidió sabiduría en lugar de otra cosa? ¿Cómo definirías sabiduría? ¿Pidió lo correcto?
6. ¿Cómo puedes ser un líder en tu propia vida, según el pasaje? ¿Cómo luce un buen líder?
7. ¿Qué debes hacer si necesitas sabiduría, según Santiago 1:5-8? ¿Pides sabiduría? ¿Crees que Dios te responderá?
8. ¿Cómo promete Dios ayudarte según Sus palabras a Josué?
9. ¿Por qué es importante pedir sabiduría y tener un "corazón que escucha"? ¿Tomas tiempo para escuchar a Dios? ¿Él te habla?
10. ¿Cómo te ha inspirado leer sobre los jóvenes líderes en la Biblia para cumplir tu propósito? ¿Quién fue tu personaje favorito? ¿Qué aprendiste? ¿Qué diferencia hará mientras avanzas y maduras?

PENSAMIENTO SOBRE EL PROPÓSITO

En el evangelio de Juan, leemos que quienes escuchaban a Jesús se sorprendían de su sabiduría:

Los judíos se admiraban y decían: "¿De dónde sacó este tantos conocimientos sin haber estudiado?". —Mi enseñanza no es mía —respondió Jesús—, sino del que me envió. El que esté dispuesto a hacer la voluntad de Dios reconocerá si mi enseñanza proviene de Dios o si yo hablo por mi propia cuenta. (Juan 7:15-17, NTV).

He aplicado lo que Jesús dijo en mi vida una y otra vez. Oro: "Dios, haré lo que Tú quieras que haga, dondequiera que Tú quieras que lo haga. Muéstrame qué es." Y oro eso antes de saber cuál es Su voluntad. En otras palabras, renuncio a mi derecho a decir no antes de saber de qué se trata. Eso indica que confío en Dios y no me estoy deteniendo porque tal vez no me guste lo que Él me muestre.

Luego, depende de Dios mostrarme Su voluntad si espera que la cumpla. Mi parte es rendirme y buscar. Depende de Dios revelarme Su voluntad y luego capacitarme para cumplirla. Todo esto se resume en el conocido versículo de Hebreos 11:6: "En realidad, sin fe es imposible agradar a Dios, ya que cualquiera que se acerca a Dios tiene que creer que él existe y que recompensa a quienes lo buscan." (NTV).

EPÍLOGO

Después de que este manual se imprimiera, estaba trabajando en una entrada para mi serie semanal de la Biblia de Estudio del Propósito y me encontré con un aspecto de la historia de Sansón que nunca había notado. Inmediatamente supe que tenía que incluir esto para ti en el Manual Nunca Demasiado Joven para un Propósito. Cuando lo leas, entenderás por qué.

*****

En la última entrada, vimos que el ángel del Señor se apareció a la madre de Sansón y anunció que su hijo iba a ser apartado para el servicio de Dios desde su nacimiento. La mujer le contó a su esposo llamado Manoa, y luego leemos cómo el hombre respondió:

> Entonces oró Manoa a Jehová, y dijo: Ah, Señor mío, yo te ruego que aquel varón de Dios que enviaste, vuelva ahora a venir a nosotros, y nos enseñe lo que hayamos de hacer con el niño que ha de nacer. 9 Y Dios oyó la voz de Manoa; y el ángel de Dios volvió otra vez a la mujer, estando ella en el campo; mas su marido Manoa no estaba con ella. 10 Y la mujer corrió prontamente a avisarle a su marido, diciéndole: Mira que se me ha aparecido aquel varón que vino a mí el otro día. 11 Y se levantó Manoa, y siguió a su mujer; y vino al varón y le dijo: ¿Eres tú aquel varón que habló a la mujer? Y él dijo: Yo soy. 12 Entonces Manoa dijo: Cuando tus palabras se cumplan, ¿cómo debe ser la manera de vivir del niño, y qué debemos hacer con él? (Jueces 13:8-12).

En dos ocasiones, el ángel se apareció a la mujer y no a su marido, pero entonces ella acudió a su marido para pedirle consejo y aclaraciones (esto es lo que Eva debió haber hecho en el Jardín). Su esposo no desestimó lo que ella dijo, sino que lo tomó en serio y le pidió a Dios que aclarara lo concerniente a su hijo y cómo debían criarlo.

Si bien la vida de Sansón fue única y extraña, sus padres fueron modelos de cómo criar a un hijo de acuerdo con Efesios 6:4: "Y vosotros, padres, no provoquéis a ira a vuestros hijos, sino criadlos en la disciplina y amonestación del Señor". Los padres de Sansón querían saber *"la regla que gobierna la vida y el trabajo del muchacho"*. Esa debería ser la pregunta de cada padre para que puedan identificar el propósito de sus hijos y luego cooperar con el plan que Dios revela.

¿*Tienes hijos en tu familia, incluidos* sobrinos y sobrinas? ¿Trabajas con niños en tu trabajo o en la iglesia? ¿Estás consultando a Dios para su propósito, o estás eligiendo una carrera para ellos de acuerdo con la costumbre de tu cultura? Una vez que entiendes su propósito, ¿estás consultando a Dios por tu papel en cómo criarlos?

Dios hizo la voluntad de Él para Sansón muy clara a sus padres y quiere hacer lo mismo por ti y por los jóvenes en tu vida. Hazle a Dios buenas preguntas sobre su futuro y Él seguramente te dará buenas respuestas.

*****

Nunca he visto una mejor definición de propósito que la pregunta del padre: "¿Cuál ha de ser la regla que gobierna la vida y el trabajo del niño?" Encontrar la "regla que gobierna" la vida de un joven ha sido el objetivo de cada capítulo de este manual. Que también sea tu objetivo al trabajar con jóvenes en tu vida.

Este cuaderno de trabajo se utiliza mejor junto con la versión completa del libro

Nunca demasiado joven para un propósito

o

Never too young for purpose.

Para descuentos por compras al por mayor de libros y cuadernos, comuníquese con Urban Press en johnstankoiii@urbanpress.us

CÓMO SEGUIR AL AUTOR

EL MEMO DEL LUNES

Todos los domingos desde el 2001 he escrito un Memo del Lunes para tratar temas como el propósito, la creatividad y la fe. Puedes acceder a él en: http://www.stanko-mondaymemo.com

BIBLIA DE ESTUDIO DE STANKO

He completado un comentario versículo por versículo del Nuevo Testamento y ahora estoy escribiendo una entrada semanal en la Biblia de Estudio del Propósito, que examina los temas de propósito, creatividad, establecimiento de metas, manejo del tiempo y fe tal como se encuentran en el Antiguo Testamento. Todos estos estudios, tanto del Antiguo como del Nuevo Testamento se pueden encontrar en: http://stankobiblestudy.com

LIBROS

Se encuentran disponibles a través de Amazon o también en: http://www.urbanpress.us

MI APP MÓVIL GRATIS

Puedes descargar la aplicación PurposeQuest a través de http://subsplash.com/purpose-questinternational/app

Tengo muchas horas de enseñanza en video y audio allí.

TU PREGUNTA BÍBLICA DIARIA

Produzco un devocional diario de dos minutos llamado *Tu Pregunta Bíblica Diaria,* que se puede encontrar en todas mis redes sociales, así como en mi aplicación móvil. También incluye subtítulos en español.

MI SITIO WEB

http://www.purposequest.com

El enlace contiene todas mis enseñanzas en video y audio, además de algunos materiales impresos, pero no incluye el devocional diario.

REDES SOCIALES

Publico contenido diario en todas mis redes sociales: Facebook, Instagram, Twitter, LinkedIn, TikTok y Youtube. Puedes encontrarme y seguirme fácilmente en cualquiera de estas plataformas usando mi nombre y apellido.

Y, por supuesto, siempre estoy disponible a través de mi dirección de correo electrónico:

johnstanko@gmail.com